Inhaltsverzeichnis

1. Zorn und Ihr Kind 5
2. Zorn und die Gesellschaft 21
3. Zorn und Ihre Familie 32
4. Kinder brauchen bedingungslose Liebe 52
5. Was ist Zorn? 70
6. Passiv-aggressives Verhalten 84
7. Weitere unreife Ausdrucksformen
von Zorn und Ärger 110
8. Eltern, arbeitet an euch! 124
9. Kinder prägen 140
10. Angeborenes Autoritätsverhalten 162
11. Zorn und Christsein 185
12. Kinder mit besonderen Problemen 199

Ein abschließendes Wort an die Eltern 221

1. Zorn und Ihr Kind

Es mag Sie vielleicht überraschen, dass Zorn eine der ersten Bedrohungen im Leben des Kindes darstellt. Hat Ihr Kind es nicht gelernt, mit Wut und Zorn richtig umzugehen, kann das Ihr Kind zugrunde richten. Bei jedem Problem, das auf Ihr Kind zukommt, wird stets auch unbewältigter Zorn mit im Spiel sein – angefangen bei schlechten Noten in der Schule über Beziehungsprobleme, möglicherweise bis hin zum Selbstmord.

Gewalt zerstört das Leben in unseren Familien und in unserer Gesellschaft. Allein wir Eltern sind befähigt, unseren Kindern zu zeigen, wie sie mit ihrem Zorn umgehen müssen. Aber das geschieht in den meisten Familien nicht. Stattdessen erlebt die Mehrzahl der Kinder nur einen unangemessenen und unreifen Umgang mit Zorn. Das liegt daran, dass die meisten Eltern es selbst nie gelernt haben, wie man mit Zorn und Wut richtig umgeht, und ihr unangebrachtes Verhalten an ihre Kinder weitergeben.

Weil Kinder im Grunde machtlos sind, suchen sie nach Wegen, ihre Welt zu beherrschen. Je älter sie werden, umso unabhängiger und selbstständiger wollen sie sein. Dieser Wunsch, bestimmte Bereiche zu beherrschen und unabhängig zu werden, ist an sich nicht schlecht. Aber es ist wichtig, dass wir dabei das Alter des Kindes mit berücksichtigen.

Sie möchten, dass Ihre Kinder lernen, Respekt vor anderen und auch vor Vorgesetzten zu haben. Das bedeutet, dass sie es lernen müssen, Konflikte zu lösen – und das nicht nur beim Streiten um ein Spielzeug, sondern auch später, wenn sie älter sind und sich an Regeln und Vereinbarungen halten müssen. Da unangemessener Umgang mit Zorn schon zu einer Art Epidemie geworden ist, die sich über das ganze Land ausbreitet, besteht die einzige Hoffnung für Kinder darin, was ihre Eltern ihnen vorleben. So wie Sie mit Zorn umgehen, so werden auch Ihre Kinder später einmal ihrem eigenen Zorn begegnen. In ihrer Umgebung und im Fernsehen werden sie nur wenige Anregungen finden, wie man die eigenen zornigen Gefühle in den Griff bekommt.

Sie möchten Ihre Kinder außerdem zu einem aufrichtigen und ehrlichen Menschen erziehen, mit einem integren Charakter. Integrität bedeutet: Unbescholtenheit, Unbestechlichkeit, Vollständigkeit, Einheitlichkeit, Ehrlichkeit. Ein integrer Mensch ist *ganzheitlich, wie aus einem Stück* und legt in unterschiedlichen Situationen die gleiche Verhaltensweise an den Tag.

Dieses Buch will Ihnen dabei helfen, Ihre Kinder zu integren Menschen zu erziehen. Dazu sollten Sie die folgende Definition von Integrität mit Ihren Kindern besprechen, sobald sie alt genug sind, um sie begreifen zu können.

Ein integrer Mensch ...
- sagt immer die Wahrheit,
- hält stets, was er verspricht,
- übernimmt jederzeit die Verantwortung für sein Verhalten.

Unsere Integrität ist vor allem dann in Gefahr, wenn wir unsere Wut nicht beherrschen und uns gegen Vorgesetzte auflehnen. Ein Mensch, der sich gegen Vorgesetzte auflehnt, steht in der Versuchung zu lügen, seine Versprechen zu brechen und sein schlechtes Verhalten dann zu entschuldigen.

Als dieses Buch entstand, schienen die skandalösen Ereignisse in der britischen Königsfamilie einen Höhepunkt zu erreichen. In einem Buch über Prinz Charles findet man ein Zitat, in dem dieser angibt, sein Ehegelübde bereits nicht mit der vollen Überzeugung gegeben zu haben, es auch zu halten. Nach Erscheinen dieses Buches stellte ein Vertreter der Anglikanischen Kirche im britischen Fernsehen die Frage, ob Prinz Charles jemals König von England werden sollte, da er unehrlich ein heiliges Gelübde abgegeben hat und dies möglicherweise wieder tun würde.

Wenn Ihre Kinder auch keine königlichen Gelübde ablegen, sind die Versprechen, die sie geben, nicht weniger bedeutsam, und die Art und Weise, wie sie ihr Leben meistern, wird nicht nur ihre Altersgenossen, sondern auch kommende Generationen beeinflussen.

Warum können Menschen so zornig werden?

Warum können Kinder so zornig werden? Warum werden sie zu zornigen Erwachsenen? Der wichtigste Grund dafür ist tief in ihrem Herzen das Gefühl, nicht genug geliebt zu werden. Kinder wissen instinktiv, dass sie Liebe brauchen, und sie wissen auch, dass ihre Eltern ihnen das Gefühl vermitteln müssen, geliebt zu werden.

Obgleich es die wenigsten Kinder erklären könnten, wissen sie dennoch, dass sie ohne die Geborgenheit bedingungsloser Liebe weder glücklich leben, noch sich normal entwickeln können. Doch nur wenige Kinder fühlen sich von ihren Eltern bedingungslos geliebt.

Wird Kindern dieses Geschenk bedingungsloser Liebe vorenthalten, reagieren sie natürlicherweise mit Zorn. Selbstverständlich gibt es auch noch andere Ursachen dafür, dass ein Kind zornig wird. Dafür gibt es jedoch gewöhnlich konkrete Anlässe wie Enttäuschungen, Streit, Misshandlungen, Ängste, Trauer usw.

In den meisten Familien, selbst in den besten Elternhäusern, fühlen sich Kinder nicht geliebt. Für viele Eltern ist das schwer zu begreifen, weil sie ihre Kinder wirklich lieben. Wie lassen sich diese widersprüchlichen Empfindungen erklären?

Die Ursache liegt darin begründet, dass nur wenige Eltern wissen, wie sie ihren Kindern die aufrichtige Liebe zeigen können, die sie für sie empfinden. Die meisten Eltern sind *verbal orientiert* und glauben, dass sie ihren Kindern ihre Liebe durch Worte deutlich machen können. Obgleich es sehr wichtig ist, Liebe durch Worte zum Ausdruck zu bringen, reicht dies jedoch bei weitem nicht aus.

Kinder sind *verhaltensorientiert,* und das bedeutet gleichzeitig, dass sie auch so geliebt werden müssen. Darauf werden wir in den folgenden Kapiteln noch näher eingehen; außerdem finden Sie ausführliche

Darstellungen zu diesem Thema in meinen Büchern: *Kinder sind wie ein Spiegel* und *Teenager brauchen mehr Liebe.*

An dieser Stelle möchte ich nur so viel sagen, dass sich ein Kind, wenn es sich nicht geliebt fühlt, nicht optimal entwickeln und entfalten kann und demzufolge fortwährend Zorn und Wut gegen seine Eltern empfindet. Diese Gefühle wiederum beeinträchtigen sowohl die Entwicklung des Kindes wie auch sein späteres Verhalten als Erwachsener.

Das folgende Beispiel soll den Unterschied zwischen verbaler und verhaltensorientierter Liebe verdeutlichen helfen. Als unser Sohn Dale fünf Jahre alt war und ich dienstlich unterwegs war, rief ich zu Hause an und sagte meiner Frau: „Ich wollte dir nur sagen, dass ich dich liebe." Damit konnte ich sie zur glücklichsten Frau in ganz Tennessee machen.

Wenn ich jedoch zu Dale am Telefon gesagt hätte: „Ich wollte dir nur sagen, dass ich dich liebe", hätte er vermutlich geantwortet: „Ja, Daddy, aber warum rufst du an?"

Der verbale Ausdruck meiner Liebe bedeutete meiner Frau Pat sehr viel, für meinen Sohn Dale hatte er jedoch nicht die gleiche tiefe Bedeutung. Als Kind war er verhaltensorientiert, und um ihm meine Liebe zu zeigen, musste ich sie durch mein Verhalten zum Ausdruck bringen, wenn ich wieder nach Hause kam.

Zorn und Machtlosigkeit

In seinem Buch *Make Anger Your Ally* beschäftigt sich Neill Clark Warren mit einigen Definitionen von Zorn und Ärger sowie mit Gründen für ihre Entstehung, die wir im Folgenden betrachten und dann auf Kinder anwenden wollen:

> *Die Fähigkeit, wütend zu werden, ist eine eindrucksvolle Begabung, die Teil unserer Erbmasse ist.*
> *Zorn ist ein Zustand körperlicher Alarmbereitschaft. Wenn wir zornig sind, sind wir bereit zu handeln. Der eigentliche Zweck von Zorn besteht darin, uns das nötige Rüstzeug zu vermitteln, mit unserer Umgebung zurechtzukommen – besonders im Hinblick auf Situationen, die in uns Ängste, Verletzungen und Frustration hervorrufen. Meistern wir diese Herausforderungen nicht, bleibt in uns stets ein Gefühl der Unzulänglichkeit und Hilflosigkeit zurück.*

Haben Sie das beim Lesen soeben auf sich selbst bezogen? Wenn ja, dann betrachten Sie diesen Abschnitt bitte noch einmal im Hinblick auf Ihre eigenen Kinder und solche, die ständig in Angst leben, verletzt oder enttäuscht zu werden.

Denken Sie auch an Kinder aus guten Elternhäusern, die mit Erlebnissen und Gefühlen konfrontiert werden, die sie weder recht verstehen noch deuten können.

Dr. Warren macht eine weitere Beobachtung, die es wert ist, in diesem Zusammenhang betrachtet zu werden: unsere Selbsteinschätzung und unsere Selbstachtung stellen den entscheidendsten Faktor für einen gesunden Umgang mit unserer Wut dar. Wenn es darum geht, unser Leben wirklich zu meistern, ist nichts bedeutsamer als eine gesunde Selbsteinschätzung in Verbindung mit einem intakten Selbstwertgefühl. Denn wenn wir uns selbst richtig einschätzen und ein gesundes Selbstvertrauen haben, verfügen wir gleichzeitig über genügend Kraft, um unser Leben meistern zu können. Außerdem werden wir uns über weniger Dinge ärgern.

Wie wir alle werden auch Kinder zornig, wenn sie sich durch einen anderen Menschen oder eine bestimmte Situation frustriert, bedroht oder verletzt fühlen.

Im Gegensatz zu Erwachsenen sind Kinder jedoch kaum in der Lage, einschneidende Veränderungen in ihrem Leben herbeizuführen. Sie haben keine Machtstellung inne, sind kaum selbstständig und nur gelegentlich unabhängig.

Und im Gegensatz zu den meisten Erwachsenen verfügen Kinder auch noch nicht über ein intaktes Selbstwertgefühl. Sie leben mit ihren Eltern oder anderen Erwachsenen zusammen, deren Aufgabe es ist, den Kindern zu einer gesunden Selbsteinschätzung und Selbstachtung zu helfen. Es stimmt, dass viele Kinder ein für ihr Alter bemerkenswertes Selbstwertgefühl besitzen, dennoch fehlt ihnen das Wissen und die Erfahrung, die Welt in Bezug auf sich selbst zu interpretieren.

Die Eltern tragen die Verantwortung für das Gedeihen ihrer Kinder. Seine Kinder bewusst zu ängstigen, zu verletzen oder zu frustrieren wäre genauso, als würde man mit Wanderschuhen durch den Garten des Nachbarn stapfen und Blumen und Blüten zerstören, die er in monatelanger Mühe und Arbeit gehegt und gepflegt hat. Kindern bewusst zu schaden, ist jedoch noch viel schlimmer, denn es handelt sich um wertvolle Menschenleben, um ein von Gott anvertrautes Geschenk, für das wir Ewigkeitsverantwortung tragen.

Vielleicht möchten Sie an dieser Stelle über die Kräfteverhältnisse in Ihrer Familie und über Möglichkeiten nachdenken, die Ihre Kinder, wenn auch unbeabsichtigt, verärgern und verletzen.

Versetzen Sie sich in die Lage jedes Ihrer Kinder und fragen Sie sich, wie Sie auf bestimmte Situationen oder Verhaltensweisen reagieren würden.

Ausdrucksformen von Zorn

Warum reagieren wir in bedrohlichen Situationen mit Zorn? Damit wollen wir mit den inneren und äußeren Ursachen von Schmerz, Frustration und Angst fertig werden und den inneren Schmerz auf ein absolutes Minimum reduzieren.

Die Art und Weise, wie Kinder und Erwachsene ihren Ärger zum Ausdruck bringen, unterscheidet sich nicht wesentlich. Gewiss stehen Erwachsenen ein reicherer Wortschatz und umfangreichere Möglichkeiten, einschließlich körperlicher Stärke, zur Verfügung, es ist jedoch verblüffend, einen zornigen Erwachsenen zu beobachten und sich dann mit geschlossenen Augen einen Achtjährigen vorzustellen. Oft gibt es nicht viele Unterschiede zu entdecken.

Wenn Erwachsene ihren Ärger ausdrücken, tun sie das auf der Grundlage ihrer Machtposition. Kinder bringen ihren Zorn im Rahmen ihres Abhängigkeitsstatus und ihrer oft noch unreifen Einsichten zum Ausdruck. Sie sind sehr erfinderisch, alle zur Verfügung stehenden Hebel in Bewegung zu setzen, was jedoch nicht ausreicht, um die gewünschten Veränderungen zu bewirken.

Wenn Sie zornig sind, wissen Sie gewöhnlich – wenn auch nicht immer –, was nicht in Ordnung ist und was Sie ändern möchten. Wenn ein Kind zornig ist, weiß es manchmal auch, was los ist, aber vermutlich viel seltener als Sie selbst. Aus diesem Grund müssen Sie sich fragen: „Was beunruhigt mein Kind? Was möchte es? Ist das möglich? Ist es vernünftig? Ist ein anderer für seinen Kummer oder Ärger verantwortlich?“

Was das Kind möchte, ist oft weder möglich noch vernünftig. Vielleicht wünscht es sich einfach nur, älter oder größer zu sein, oder mehr Freiraum oder Geld zu haben. Sein Zorn könnte ebenso eine Reaktion auf eine bestimmte Wachstumsphase oder hormonelle Veränderungen sein. Vielleicht ist es auch von jemandem ungerecht behandelt worden, auf den es keinerlei Einfluss ausüben kann, oder es wünscht sich einfach einige der Privilegien, die seine Freunde genießen.

Falls Sie jedoch wissen, was die Ursache für den Schmerz oder die Frustration ist, und falls Sie – was Gott verhüten möge – den Anstoß dazu gegeben haben, dann sollten Sie sofort Schritte einleiten, um diese Ursachen zu beseitigen. Erwachsen zu werden ist schwer genug, auch ohne dass wir es Menschen, die wir lieben, noch schwieriger machen.

Sechs Kinder sind zornig

Ein Kind zu lehren, richtig mit seinem Ärger umzugehen, ist die schwierigste Aufgabe der Elternschaft. Da es zuweilen schwer ist, die verschiedenen Ausdrucksformen von Zorn bei unseren Kindern zu erkennen, möchte ich anhand von sechs Beispielen von Kindern zwischen vier und sechzehn Jahren deutlich machen, auf welche Weise sie ihren Ärger kundtun.

- Die vierjährige Jenny war mit achtzehn Monaten sauber. In den letzten sechs Monaten hat sie jedoch wieder in die Höschen gemacht. Ihre Eltern haben den Arzt konsultiert und alles Mögliche versucht. Obwohl keine körperliche Ursache gefunden werden konnte, setzte Jenny dieses Verhalten fort.
- Der achtjährige Tom legt sich ständig mit seinen jüngeren Geschwistern an, wobei er ihnen oft wehtut. Seine Eltern wissen nicht, was sie dagegen unternehmen sollen, und sie machen sich Sorgen um Tom.
- Der neunjährige Felix hat seinen Eltern noch nie besondere Probleme bereitet, bis sie nach dem ersten Schulhalbjahr eine Mitteilung des Lehrers erhalten, dass Felix seine Hausaufgaben nicht erledige. Seine Zensuren verschlechterten sich, was sowohl für den Lehrer als auch für die Eltern einen Grund zur Besorgnis darstellt.

- Die dreizehnjährige Peggy war stets ein lebhaftes und offenes Kind. Jetzt zieht sie sich vor ihren Eltern zurück, und man kommt nur schwer mit ihr ins Gespräch. Sie ist oft mürrisch und hält sich häufig allein in ihrem Zimmer auf. Ihre Eltern sind nicht sicher, ob dies ein normales Verhalten zu Beginn der Pubertät oder ein Grund zur Sorge ist.
- Die fünfzehnjährige Jessica war stets eine Freude, sowohl für ihre Eltern und Lehrer als auch für ihre Freunde. Sie können sich den Schock der Eltern vorstellen, als sie in ihrem Zimmer Marihuana samt der dazugehörigen Utensilien fanden. Als sie mit ihr einen Arzt aufsuchten, stellten sie außerdem fest, dass sie schwanger war.
- Der sechzehnjährige Kevin war stets ein guter Schüler, bis sich im letzten Jahr seine Noten zu verschlechtern begannen. Jetzt läuft er Gefahr, das Schuljahr wiederholen zu müssen. Kevin ist ein kluger Junge ohne irgendwelche Lernschwierigkeiten und durchaus in der Lage, gute Lernergebnisse zu erzielen. Sein Verhalten ist immer noch einwandfrei, und er möchte gute Noten erreichen, um an einer renommierten Universität studieren zu können.

Was ist im Leben aller dieser Kinder passiert? Während der Beratungsgespräche, die ich mit ihnen und ihren Eltern führte, fand ich heraus, dass sie alle, bewusst oder unbewusst, aus Wut so reagiert hatten. Keines von diesen Kindern hatte es gelernt, mit seinem Zorn und seiner Wut richtig umzugehen, weil ihre Eltern nicht wussten, wie entscheidend das ist.

Das sage ich allerdings nicht, um den Eltern die Schuld zuzuweisen, denn die meisten Eltern meinen, dass Zorn immer etwas Schlechtes ist und den Kindern „ausgetrieben“ werden müsse. Deshalb reagieren Eltern auch oft verwirrt, wenn ein Kind zornig wird.

Dass Zorn die Eltern verwirrt, überrascht nicht, geht es doch den meisten Fachleuten genauso. Zorn ist sehr schwierig zu verstehen. Auch nachdem ich mich fünfundzwanzig Jahre intensiv damit befasst hatte, sind mir einige Aspekte noch immer unklar geblieben.

Ich weiß jedoch genau, wie entscheidend es ist, dass Eltern ihren Kindern zeigen, wie man mit Zorn richtig umgeht. Doch Vorsicht – dafür wird es niemals eine einfache „Bedienungsanleitung“ geben!

Sechs Kinder brauchen Hilfe

Es ist Zeit, dass wir zu unseren sechs Kindern zurückkehren und versuchen herauszufinden, was die Einzelnen durch die verschiedenen Ausdrucksformen von Zorn sagen wollen.

- Jenny machte tatsächlich ihrem Zorn Luft, wenn sie in die Hose machte. Weil dieses Verhalten im Allgemeinen nicht als ein Zeichen von Zorn erkannt wird, werden meist nur die körperlichen Symptome behandelt. Der Zorn, der dieses Verhalten verursacht hat, wächst ungestört weiter und kann später für das Kind zu noch schwerwiegenderen Problemen führen. Dies ist ein klassisches Beispiel für passiv-aggressives Verhalten, ein vom Unterbewusstsein gesteuerter Ausdruck von Zorn. In Kapitel sechs werden wir darauf noch näher eingehen.

- Toms Streitsucht und Gewalt gegenüber seinen Geschwistern brachten die gesamte Familie durcheinander. Derartige Situationen lassen sich nur sehr schwer beheben, weil solches Verhalten alle Familienmitglieder beeinträchtigt und sich dadurch noch verschlimmert. Solange Toms Verhalten nicht als Ausdruck von Zorn erkannt wurde, konnten keine echten Fortschritte erzielt werden.

Aggression ist eine weit verbreitete unreife Art, Zorn auszudrücken. In diesem Fall wurde die Situation durch passiv-aggressives Verhalten noch verschlimmert.

- Felix' „vergessene“ Hausaufgaben sind eine klassische Ausdrucksform von Zorn, wie sie sich oft im Alter von neun oder zehn Jahren zu manifestieren beginnt. Dies ist ein weiteres Beispiel für passive Aggression, deren Wurzeln im Unterbewusstsein begründet liegen.
- Die grundlegende Veränderung in Peggys Verhalten war ein Zeichen einer Pubertätsdepression. Es war jedoch die Zornkomponente der Depression, die sich bei Peggy so destruktiv auswirkte und in keinem Verhältnis zu den anderen Faktoren stand. Wäre ihr nicht geholfen worden, hätte die Zukunft für sie düster ausgesehen.

Depressionen bei Teenagern sind eine besondere und oft sehr gefährliche Quelle des Zorns, die von den Eltern verstanden werden muss. Wie wir später noch sehen werden, ist passiv-aggressives Verhalten bis zu einem gewissen Grad in der frühen Pubertätszeit normal. In Peggys Fall hatte es sich jedoch durch ihre Depression in gefährlichem Ausmaß gesteigert.

- Jessicas Situation ist in unseren Tagen nur allzu sehr verbreitet. Sie brachte ihre Verzweiflung zum Ausdruck, indem sie Drogen nahm und schwanger wurde. Wir werden uns fragen, warum sie ihren tiefsten Bedürfnissen auf so herzzerreißende Art und Weise Ausdruck verlieh. Jessica hatte bereits seit einigen Jahren Probleme, ihren Zorn zu bewältigen, und auch ihre Eltern vermuteten, dass etwas nicht stimmte. Dennoch führten Jessicas zahlreiche Stärken und ihre gewinnende Art die Eltern immer wieder zu der Annahme, dass doch alles in Ordnung sei. Die Eltern taten ihr Bestes, hatten jedoch selbst nie gelernt, mit ihrem Zorn richtig umzugehen. Sie wussten natürlich auch nicht, dass ihre wichtigste Aufgabe darin bestand, ihren Kindern zu zeigen, wie man Zorn bewältigt.
- Kevins schlechte Noten waren auf eine Pubertätsdepression und das daraus resultierende passiv-aggressive Verhalten zurückzuführen, das gewöhnlich mit Depressionen einhergeht. Beim weiteren Lesen dieses Buches werden Sie immer besser verstehen, wie die verschiedenen unreifen Arten, mit Zorn und Ärger umzugehen, sehr viele Probleme in der Kindheit und Pubertät verursachen. Weil

dadurch bereits bestehende Probleme noch verstärkt werden können, ist es besonders wichtig, dass Sie passiv-aggressives Verhalten verstehen lernen.

Nach vorn blicken

Wenn Sie an die Zukunft Ihres Kindes denken, haben Sie vielleicht noch nie berücksichtigt, welche Rolle sein Zorn dabei spielen wird. Es erleichtert die Situation, wenn man sich klarmacht, was der Zorn anderer anrichten kann.

Wie eingangs bereits erwähnt, stellen die Wut und der Zorn Ihres Kindes die größte Bedrohung für seine erste Lebensspanne dar. Diese Gefühle können Ihrem Kind auf jegliche Weise schaden und stehen mit allen anderen Problemen in Verbindung, die Ihr Kind später haben könnte.

In Anbetracht der verheerenden Zustände in unserer Welt ist es umso wichtiger, dass wir als Eltern alles tun, um die Zukunft unserer geliebten Kinder zu sichern.

Weil nur wenige Eltern mit ihrem eigenen Zorn zurechtkommen, lernen die meisten Kinder nicht, wie man Zorn bewältigt.

Wenn Sie möchten, dass Ihre Kinder mündig mit Zorn umgehen können, dann müssen Sie zuerst selbst dazu in der Lage sein. In Kapitel acht wird davon die Rede sein, was Eltern diesbezüglich wissen und beachten müssen, um es an ihre Kinder weitergeben zu können.

Ich bin ein glücklicher Vater. Als meine Kinder ganz klein waren, wusste ich nicht, wie ich sie dazu erziehen soll, mit Zorn richtig umzugehen. Ich habe diese lebenswichtige Lektion jedoch früh gelernt, so dass meine Frau und ich unsere Kinder im Umgang mit Zorn unterweisen konnten, als sie noch klein waren. Unser Ziel war es, sie bis zum Alter von siebzehn Jahren im Wesentlichen zu einem reifen Umgang mit ihrem Zorn befähigt zu haben, so dass wir gemeinsam mit ihnen zuversichtlich dem Eintritt in das Erwachsenenalter entgegenschauen konnten.

Carey, David und Dale sind inzwischen Erwachsene, die gut mit Zorn und Ärger umzugehen wissen, manchmal besser als ich. Es zählt zu den größten Freuden meines Lebens, wenn ich sehe, wie sie zu Persönlichkeiten herangewachsen sind, die moralisch und ethisch stark sind.

Zutiefst dankbar bin ich auch, dass meine Kinder frei sein dürfen von den typischen emotionalen Narben und Verletzungen, die so viele Kinder mit in das Erwachsensein hinübernehmen. Dabei denke ich besonders an das Gefühl, zu kurz gekommen zu sein, jenen quälenden Gedanken, etwas Wesentliches versäumt zu haben. Und genau dieses Gefühl hindert viele Erwachsene daran, der Mensch zu werden, der sie sein wollen. Dieses Gefühl, etwas entbehrt zu haben, entsteht nicht nur durch mangelnde bedingungslose Liebe, sondern auch durch nicht oder falsch bewältigten Zorn.

Zwei der wertvollsten Geschenke, die Sie Ihren Kindern machen können, ist, sie bedingungslos zu lieben und ihnen beizubringen, wie man immer mündiger mit Zorn und Ärger umgeht.

2. Zorn und die Gesellschaft

Ich bin sehr erstaunt über die ganzen Veränderungen, die sich in unserer Gesellschaft im Hinblick auf die Kinder vollzogen haben. Noch vor kurzer Zeit wurden Kinder von fast allen als unschuldig, reizend und liebenswert betrachtet. Diese Sicht hat sich jedoch im Laufe der Zeit verändert.

Heutzutage betrachten immer mehr Menschen Kinder als lästig, und oft sind sie unerwünscht. Was noch schlimmer ist, es gibt sogar Zeitgenossen, die Kinder als Geschöpfe mit bösen Absichten darstellen.

In unseren Tagen richtet sich so viel Zorn gegen Kinder, sei es durch offene Gewalt oder passiv-aggressives Verhalten, dass man sich leicht fragen könnte, wie viele Menschen in unserem Land Kinder wirklich mögen. Schauen wir uns an, was geschehen ist:

- Den Bedürfnissen der Kinder wird im Allgemeinen ein niedriger Stellenwert beigemessen. Die Behörden kennen zwar die Bedürfnisse der Kinder, und sie mühen sich sogar, Gelder für Ausbildung und Erziehung aufzubringen. Dennoch werden oftmals, selbst nachdem Millionen Dollar gesammelt wurden, die Mittel für Schulen u. a. nicht aufgestockt.
- An vielen Schulen herrscht Chaos anstelle einer Atmosphäre der Ruhe und Ordnung, wo Kinder sich geborgen fühlen und optimal lernen können. Die Gesundheitsbehörde in Atlanta hat Gewalt an

den Schulen als allgemeines Gesundheitsrisiko in den USA aufgeführt.
- Die Werbung nutzt die Schwächen und Sehnsüchte der jungen Menschen aus.
- Die Kriminalität steigt bedrohlich, und oft sind Kinder die Opfer. Einige Leute sind so verdreht, dass sie den Tod von Mördern mehr beklagen als den von Opfern.
- Wir sind eine Nation von Opfern geworden, in der Millionen Menschen andere für ihr eigenes unsoziales Verhalten verantwortlich machen.

Kinder werden so schnell groß, und sie haben heutzutage kaum Zeit, richtig Luft zu holen, bevor sie in eine aggressive und freizügige Erwachsenenwelt hineingeworfen werden.

Kinder werden nicht mehr als Erfüllung unseres Lebens betrachtet, als unsere Zukunftshoffnung, als diejenigen, die unsere Herzen erwärmen und in uns Kräfte freisetzen. In dem Maße, wie sich die Gesellschaft immer mehr auf die Wünsche der Erwachsenen konzentriert, werden Kinder zu Verlierern.

Als Eltern, die aufrichtig um das Wohl ihrer Kinder besorgt sind, wurden wir in unserer Gesellschaft in eine notvolle Position gedrängt. Wir lieben unsere Kinder und wollen das Beste für sie. Trotz unserer Bemühungen fühlen wir uns jedoch zunehmend hilflos in einer Welt, die unseren christlichen Werten so entfremdet worden ist. Da kann man leicht zornig werden über die maßgeblichen Stellen, über alle bekannten und unbekannten gesellschaftlichen Kräfte, die diese Welt so unfreundlich und familienfeindlich machen.

Wenn jemand in unserer Gesellschaft etwas für unsere Kinder tun kann, dann sind es die Eltern – diejenigen von uns, die um ihre Kinder besorgt sind und die sich zusammenschließen und sagen: „Nun ist das Maß voll!“

Wo finden Kinder Liebe?

Kinder schöpfen Liebe und ihre persönliche Identität aus drei Quellen. An diesen drei Stellen entdecken sie, wer sie sind und wie sie das Leben betrachten sollten.

- Das Zuhause und die Familie. Dazu gehört auch die erweiterte Familie sowie alle diejenigen, die unsere Kinder lieben und ihnen in Herz und Haus einen Platz einräumen.
- Die Gesellschaft – in Gestalt von Schulen, Wohnvierteln, Arbeitsstellen, Klubs, Sportstätten und anderen Freizeiteinrichtungen.
- Die Gemeinde. Dort lernen die Kinder Gottes Liebe zu ihnen kennen und entdecken sich als Teil von Gottes Volk. In der Gemeinde sollten die Kinder auch die frohmachende Gemeinschaft erfahren, die den Leib Christi kennzeichnet.

Das Traurige in unseren Tagen ist, dass viele Kinder nur mit zwei, einer oder gar keiner dieser Quellen aufwachsen, aus denen sie Liebe und ihre Identität schöpfen können.

Vielleicht haben die Erwachsenen, die im Leben dieser Kinder eine Rolle spielen, in jungen Jahren selbst nicht genug Liebe empfangen, oder sie sind so sehr mit ihren eigenen Aufgaben beschäftigt, dass die Kinder sich selbst überlassen bleiben.

Einige Kinder genießen alle nur erdenklichen materiellen Vorteile; bedingungslose Liebe und das Gefühl, wert geachtet zu sein, lassen sich jedoch nicht erkaufen.

Auflehnung gegen Autoritäten

Weil viele Menschen buchstäblich nach Liebe hungern, sind sie voller Aggressionen und äußern diese in Form von Auflehnung. Wo liegen die Wurzeln für dieses opponierende, rebellierende Verhalten?

Rebellierende Verhaltensweisen bilden sich in der Kindheit heraus. Sie sind eine Ausdrucksform unbewussten Zorns bei Kindern, denen niemand gezeigt hat, wie man mit Zorn richtig umgeht, und die sich letztendlich nicht genug geliebt fühlen. Dieser im Unterbewusstsein angestaute Zorn hat in unserer Gesellschaft zu einem Respektverlust gegenüber Autoritäten beigetragen.

Unter *Autoritäten* verstehe ich die offiziellen und sittlichen Instanzen, die für geordnete Verhältnisse sorgen, die eine realistische Chance bieten, in Ruhe und Sicherheit leben zu können. Für die meisten Menschen in unseren Tagen existiert diese Chance nicht, und die Angst greift immer mehr um sich, Angst um sich selbst und Angst um die Kinder.

Eine wesentliche Ursache dieser Angst ist die Auflehnung anderer gegen bestehende Ordnungen.

Wo kommt diese Auflehnung her?

Selbst auf die Gefahr hin, dass es zu vereinfacht erscheint, möchte ich eine einfache Antwort geben:

- Auflehnung gegen Autoritäten entsteht durch Zorn.
- Zorn entspringt dem Gefühl, nicht genug geliebt zu werden.
- Mangelnde Liebe im Leben von Kindern liegt darin begründet, dass Eltern nicht wissen, wie sie ihre Liebe ausdrücken sollen – oder sich nicht darum mühen.

Viele Eltern sind beunruhigt und zutiefst traurig darüber, in welch brutalem Umfeld ihre Kinder aufwachsen. Anstatt mit bunten Kugeln zu spielen, müssen sie sich vor Kugeln in Acht nehmen. Sie werden täglich mit Scheidung und Gewalt konfrontiert. Man geht davon aus, dass die allgemeine Dekadenz durch einen grundlegenden Werteverfall verursacht wurde.

Dieser Werteverfall ist jedoch nur Ausdruck der Rebellion gegen Autoritäten. Lernt ein Kind nicht, seinen Zorn zu bewältigen, wird sich dieser fehlgeleitete Zorn sowohl in der Kindheit als auch später im Erwachsenenalter gegen Eltern, Gesetze und Ordnungen und jegliche Art von Werten, einschließlich geistlicher Werte, richten.

Wir brauchen nur eine Zeitung zur Hand zu nehmen oder die Nachrichten anzuschauen, um uns davon zu überzeugen, wie rebellisches Verhalten in unserer Welt immer mehr um sich greift. Auch in der Werbung kommt dies bereits vielfach zum Ausdruck.

Während der letzten fünfundzwanzig Jahre hat die öffentliche Moral in den Vereinigten Staaten einen nie gekannten Tiefpunkt erreicht. In dieser kurzen Zeit haben Erzieher Teenagern beigebracht, dass ihr Körper ihnen gehört und dass sie damit tun und lassen können, was ihnen gefällt.

Die Sprache und die Themen, die man uns heute als „Familienunterhaltung" anbietet, waren früher auf der Bühne und im Fernsehen verboten.

Und wie steht es mit der Kriminalität? Schauen wir uns nur die Fälle an, von denen die Medien gerade berichteten, während dieses Buch entstand.

- Der Prozess des wegen Mordverdachts angeklagten O. J. Simpson
- Kinder ermorden Kinder in Chicago
- Mutter ertränkt ihre kleinen Kinder

Dieses sind die sensationellen Fälle. Unsere Zeitungen sind jedoch jeden Tag voll von Berichten über Gewalttaten, die von Menschen verübt wurden, die nie gelernt haben, wie man mit Zorn richtig umgeht.

Diese Auflehnung gegen Autoritäten beeinflusst auch die christliche Gemeinde. Viele Menschen sind bestrebt, ihren „Glauben" individueller zum Ausdruck zu bringen, egal, ob dies mit den Glaubenslehren der Bibel übereinstimmt. Außerdem wird es daran deutlich, dass es immer mehr Menschen gibt, die sagen, sie glauben an Gott und an Jesus, ohne jedoch eine lebendige Beziehung zu Jesus Christus als ihrem Herrn zu haben. Nicht zuletzt seien die Auseinandersetzungen in Gemeinden erwähnt, die zu offener Feindschaft oder zu Gemeindespaltungen führen.

Verantwortung übernehmen

Integrität ist rar geworden in unserer Gesellschaft. Das wird nirgends so deutlich wie in der politischen Szene, die zum Schauplatz nicht gehaltener Versprechen und der Missachtung der Öffentlichkeit geworden ist. Grundlegende Vertrauenswürdigkeit, wo das Wort eines Menschen viel wiegt, scheint in der politischen Arena der Vergangenheit anzugehören.

Wir können jedoch nicht nur den Politikern die Schuld geben. Wann haben Sie zuletzt erlebt, dass jemand die Verantwortung für sein Handeln übernommen hat? Verantwortung zu übernehmen bedeutet, die Tatsache einzubeziehen, dass wir Fehler machen können. Es bedeutet, unser Verhalten ständig zu prüfen und, wenn nötig, zu ändern. Wenn wir das missachten, werden wir am Ende anderen die Schuld in die Schuhe schieben.

Kürzlich las ich ein klassisches Beispiel für eine solche Schuldzuweisung. Ein Zahnarzt, der einige seiner Patientinnen belästig hatte, verlor seine Zulassung. Als Antwort darauf forderte er von seiner Versicherung eine Zahlung wegen Erwerbsunfähigkeit in Höhe von einer Million Dollar. Und wie begründete er das? Er behauptete, dass sein Verhalten auf „Geisteskrankheit" zurückzuführen sei.

Wir müssen zu einer Integrität zurückfinden, wie sie z. B. General Eisenhower während des Zweiten Weltkriegs unter Beweis gestellt hat. Vor der Invasion bereitete er eine Pressemitteilung vor für den Fall, dass die Invasion fehlschlug. Darin hieß es unter anderem: „Wenn für diesen Versuch jemanden die Schuld trifft oder wenn jemand einen Fehler begangen hat, dann bin allein ich dafür verantwortlich."

Zeichen der Hoffnung

Nicht jede öffentliche Äußerung von Zorn ist gewalttätig oder unangebracht. Denken wir nur an die Aktion „Mütter gegen Trunkenheit am Steuer", die von Frauen ins Leben gerufen wurde, die ihre Kinder durch einen betrunkenen Autofahrer verloren hatten. Natürlich waren sie zornig, doch sie leiteten ihren Zorn in eine Kampagne um, die sich gegen die öffentliche Duldung von Trunkenheit am Steuer wandte.

Ein „Ableger" dieser Gruppe ist die Organisation „Studenten gegen Trunkenheit am Steuer", die an vielen Schulen in den Vereinigten Staaten arbeitet und unter Teenagern Aufklärungsarbeit leistet, um sie gegen diese Sucht zu wappnen.

Die meisten von uns können sich noch an Martin Luther Kings friedliche Demonstrationen gegen Diskriminierung erinnern. Die Tatsache, dass sie gewaltlos waren, ließen sie umso wirksamer werden.

1982 wurde Deborah Larbalestrier, eine ältere Frau aus Los Angeles, plötzlich an der gesamten Westküste berühmt, weil sie auf mutige Weise aus ihrem Zorn Hilfe für viele wachsen ließ. Sie lebte in einem von

Kriminalität gezeichneten Viertel der Stadt und sah sich hilflos der Gewalt um sie herum ausgesetzt, bis sie eines Tages beobachtete, wie zwei Jungen versuchten, das Auto ihrer Nachbarn zu stehlen. Sie wusste, dass die Jungen sie gesehen hatten, und das empörte sie zutiefst. In der *Los Angeles Times* war dann folgendes zu lesen:

> *Ich nahm einen Stock, ging zu ihnen und sagte ihnen ins Gesicht: „Wie könnt ihr es wagen, vor meinen Augen dieses Auto zu stehlen, als existierte ich überhaupt nicht!" Die Teenager liefen davon, doch Mrs. Larbalestrier wollte ganz sicher sein, dass sie nicht zurückkamen. So rief sie die Leute aus ihrer Straße zusammen, um ihnen zu sagen: „Wir sind Gefangene in unseren eigenen Häusern geworden ... Wir müssen unsere Gegend zurückerobern." Danach ging sie zur Polizei, um für ihre Straße einen „Nachbarn-wachen-für-ihre-Nachbarn-Klub" zu gründen.*

Als der Artikel erschien, war diese Gegend bereits seit achtzehn Monaten frei von Verbrechen.

Kinder – Hoffnung für unsere Gesellschaft

Jede Gesellschaft spiegelt das wider, was ihre Kinder wissen. Die Kinder von gestern sind die Erwachsenen von heute, und auch Ihre Kinder werden bald erwachsen sein. Wenn viele Menschen lernen, wie man Zorn konstruktiv bewältigt, bedeutet das Hoffnung für unsere Gesellschaft. Zorn muss nicht zu Gewalt führen. Er muss nicht außer Kontrolle geraten. Zorn ist eine Gabe, die wir nützlich und konstruktiv gebrauchen können.

Es gibt Hoffnung für unsere Gesellschaft, wenn Eltern sich bewusst entschließen, ihre Kinder zu lehren, wie man Zorn bewältigt. Das wird für viele Eltern bedeuten, dass sie zunächst lernen, ihren eigenen Zorn zu verstehen und besser damit umzugehen.

Dazu wird auch gehören, Kinder dazu zu erziehen, Autoritäten zu respektieren, auch wenn sie mit dem, was geschieht, nicht einverstanden sind. Kinder müssen durch Vorbilder und anhand der Geschichte lernen, dass es bessere Möglichkeiten als Gewalt gibt, um auszudrücken, dass man anderer Meinung ist.

Wenn Sie davon überzeugt sind, dass Ihre Kinder sehr gut in der Lage sind, mit ihrem Zorn umzugehen, können Sie dennoch die Augen nicht davor verschließen, dass dies bei vielen anderen nicht so ist. Mindestens ein Drittel aller Jugendlichen erleben Gewalt oder werden missbraucht, und noch nie zuvor haben Kinder so viel Gewalt und Grausamkeit verübt. Teenager machen sieben Prozent der Bevölkerung aus, und sie begehen siebzehn Prozent aller Gewaltverbrechen.

Sie möchten natürlich vor allem verhindern, dass Ihre Kinder diese Statistik mit auffüllen oder dass sie anderen zum Opfer fallen, die nicht gelernt haben, ihren Zorn zu beherrschen. Sie möchten, dass sie zu Erwachsenen mit unbestreitbarer Integrität werden.

Wenn Sie in Ihrer Familie dieses Problem im Griff haben, wollen Sie vielleicht anderen Familien helfen, die Unterstützung nötig haben. Hoffnung kann es nur geben, wenn wir zusammenarbeiten. Dieses Problem wiegt zu schwer, als dass irgendjemand allein damit fertig werden könnte; gemeinsam können wir jedoch viel erreichen.

3. Zorn und Ihre Familie

Wäre es nicht wunderbar, wenn man allen Zorn und alle Gewalt unserer Gesellschaft aus unseren Häusern verbannen könnte, wenn unser Familienleben in völligem Gegensatz zu dem stünde, was die einzelnen Familienmitglieder jeden Tag an der Arbeit oder in der Schule erleben?

So herrlich das auch wäre, es wird nicht geschehen, weil wir das, was wir erlebt haben, weitertragen. Ähnlich wie bei der Übertragung von Krankheiten, tragen wir Zorn und Frustration weiter. Wir bringen Stress, Spannungen, Müdigkeit mit nach Hause, und dann reagiert jeder den Ärger und die Wut in seiner Familie ab.

Wenn wir sensibel genug sind, um zu erkennen, was eigentlich passiert, und einen Kurswechsel vornehmen, können wir auf lange Sicht entscheidende Veränderungen erzielen. Wenn nicht, beschwören wir möglicherweise ein Chaos herauf. Und die Kinder sind in zweifacher Hinsicht die Opfer: sie müssen erstens mit dem unkontrollierten Zorn und Ärger der Erwachsenen leben, und zweitens lernen sie auch nicht, ihren eigenen Zorn und Ärger zu bewältigen.

Wir alle kennen Gesundheitsbehörden, deren Aufgabe u. a. darin besteht, die Ausbreitung von Krankheiten zu verhindern. Vielleicht brauchten wir ähnliche Instanzen in Bezug auf unseren Zorn. Jede Familie könnte ein solcher Ort sein, wo Zorn diagnostiziert und dann zum Nutzen aller konstruktiv verarbeitet wird. Wenn Sie möchten, dass dies bei Ihnen so ist, können Sie viel dazu beitragen, dass Ihr Wunsch Wirklichkeit wird.

Die Atmosphäre in Ihrer Familie

Die häusliche Atmosphäre beeinflusst ganz entscheidend das Selbstbewusstsein und die Selbsteinschätzung eines Kindes. Wenn ich eine Familie besuche, weiß ich sehr schnell, ob ein Kind dort gedeihen kann oder nicht. Jede Familie hat ihre eigene Atmosphäre. Einige Merkmale, wie z. B. Farbgebung und Stil der Wohnung, sind ziemlich neutral, während andere eher positiv oder negativ zu bewerten sind.

Die Atmosphäre in einer Familie kann herzlich, entspannt, ruhig, freundlich, einladend und fröhlich sein. In einer solchen Familie fühlt man sich wohl, und ein Kind, das in einer solchen Familie aufwächst, kann sich voll entfalten. Es kann gelassen sein und die Unterstützung und Ermutigung genießen, die es von den Eltern erfährt, während es seine Kräfte darauf konzentrieren kann, sich auf allen Gebieten des Lebens optimal zu entwickeln.

Es gibt jedoch nur wenige Kinder, die mit einem solchen familiären Hintergrund gesegnet sind. Viele leben in Elternhäusern, die von Spannungen, Vorwürfen, Pessimismus und Ablehnung geprägt sind. Wenn Kinder in einer solchen Umgebung aufwachsen, müssen sie den größten Teil ihrer Energie in den Versuch investieren, mit der mangelnden Liebe und fehlenden Unterstützung fertig zu werden. Weil es für sie demzufolge schwieriger ist, sich voll zu entfalten, empfinden sie wahrscheinlich Zorn und Wut gegen ihre Eltern. Außerdem werden sie es vermutlich nicht lernen, mit ihrem Ärger angemessen umzugehen.

Als Eltern müssen wir immer wieder daran denken, dass wir die Atmosphäre bestimmen, in der unsere Kinder aufwachsen. Sie sind machtlos und abhängig von dem, was wir ihnen bieten.

Ich weiß, dass Sie Ihre Aufgabe als Eltern verantwortungsvoll und erfolgreich erfüllen möchten. Sie investieren in Ihre Familie sehr viel Liebe, Fürsorge, Geld und Zeit, und Sie möchten, dass sich diese Investitionen auszahlen, nicht nur für Sie, sondern auch für Ihre Kinder. Sie lieben Ihre Kinder sehr und möchten, dass sie im Leben glücklich und erfolgreich sind.

Wenn Kinder noch klein sind, ist es so leicht, die besten Hoffnungen für sie zu hegen. Sie sind unschuldig, wir kommen gut mit ihnen zurecht, und sie sind außerdem von uns abhängig. Werden sie jedoch größer, sind viele Eltern enttäuscht und entmutigt darüber, was in ihren Familien geschieht.

Obwohl sie wissen, dass sie in vielen Dingen richtig handeln, fühlen sich Eltern ohne das entsprechende Verständnis für den Zorn eines Kindes leicht als Versager. Viele Kinder sind gegen ihre Eltern eingestellt, weil sie sich nicht richtig geliebt fühlen, und dieser Haltung können sie auf furchtbare Art und Weise Ausdruck verleihen. Schauen wir uns die Geschichte von Anne und Nils an.

Anne

Ein elegant gekleidetes Paar betrat mein Sprechzimmer. Meinem Bestellbuch entnahm ich, dass es Jens und Monika Petersen waren. Neben den Namen hatte ich mir notiert, dass ihre fünfzehnjährige Tochter Anne schwanger war.

Während sie Platz nahmen, fiel mir auf, dass Frau Petersen mir bekannt vorkam. „Wir sind einander bereits irgendwo begegnet, nicht wahr?“, fragte ich.

Mit einem gezwungenen Lächeln erwiderte sie: „Ich habe Ihnen im ‚Sailmaker Restaurant‘ schon einige Male den Platz angewiesen.“

„Ja, Sie hatten um die Mittagszeit Dienst. Ich war letzten Dienstag dort.“

Ich wandte mich an Herrn Petersen und fragte ihn nach seiner Tätigkeit. „Ich bin Buchhalter“, entgegnete er.

„Das hätte ich mir denken können“, versuchte ich zu scherzen.

Wir unterhielten uns noch einige Minuten über belanglose Dinge und entdeckten dabei, dass wir gemeinsame Freunde in ihrer Gemeinde hatten.

Mit einem Blick auf meinen Terminkalender wandte ich mich an Frau Petersen: „Sie sind gekommen, um über Ihre Tochter Anne zu sprechen. Erzählen Sie mir doch ein wenig von ihr.“

In ihre Augen traten Tränen. „Herr Dr. Campbell, sie ist gerade fünfzehn Jahre alt und erst seit einem Jahr mit der Mittelschule fertig. Sie ist das jüngste unserer vier Kinder. Und sie ist schwanger! Was sollen wir nur tun?“

Während sie ihre Augen tupfte, schossen die Worte förmlich aus ihr heraus. „Wir haben alles getan, was in unserer Macht stand, um gute Eltern für Anne zu sein. Seit Jahren arbeiten wir beide, um unseren Kindern im Leben etwas bieten zu können. Sie sind alle zur Sonntagsschule gegangen, und wir haben sie auch zum Gottesdienst mitgenommen. Jahrelang haben wir Anne Klavierunterricht und Musikfreizeiten ermöglicht. Sie ist so hübsch und so begabt. Wie sollen wir nur damit fertig werden ..." Frau Petersens Stimme versagte unter Schluchzen.

Herr Petersen rutschte auf seinem Stuhl hin und her und begann: „Ich weiß einfach nicht, was wir falsch gemacht haben. Warum hat sie sich in diese missliche Lage gebracht? Weshalb ist sie so trotzig geworden? Sie ist gegen alles, was meine Frau und ich für sie zu tun versuchen."

Im weiteren Gespräch mit den Petersens fand ich heraus, dass sie ihre Tochter Anne wirklich liebten, diese Liebe jedoch zu oft durch materielle Dinge zum Ausdruck brachten. Sie waren ehrlich davon überzeugt, dass dies ein Ausgleich dafür sein konnte, dass sie keine Zeit für sie hatten.

Ein Gespräch mit Anne bestätigte meinen Verdacht. Sie spürte nichts davon, dass ihre Eltern sie liebten oder dass sie ihnen etwas bedeutete.

Trotzig erklärte sie: „Ich weiß nicht, weshalb ich schwanger geworden bin. Ich habe es einfach getan. Ich hätte es verhindern können – ich weiß wie. Vielleicht wollte ich auch einfach jemand sein, so wie meine Mutter. Wenn ich Mutter würde, dann wäre ich wichtig. Dann gäbe es jemanden, der *mich liebt.*"

Ich beriet die Petersens einige Wochen lang. Anfangs war Anne reserviert und ging wenig aus sich heraus, doch ich konnte trotzdem erkennen, dass sie zornig und frustriert war. Nach einigen Gesprächen begann sie sich zu öffnen.

„Erinnerst du dich an den Abend, an dem das Mutter-Tochter-Bankett stattfand, Mutti? Du konntest nicht kommen, weil du mit Vati zu diesem Buchhaltungsseminar gehen musstest. Ich war dort das einzige Mädchen ohne Mutter!"

„Aber Anne", unterbrach Frau Petersen, „wir haben doch darüber gesprochen, und ich habe dir für das Bankett ein reizendes neues Kleid gekauft. Ich dachte, es macht dir nichts aus, wenn ich Vati begleite."

„Aber es hat mir viel ausgemacht! Ihr schient niemals Zeit zu haben, wenn ich euch brauchte. Die Eltern meiner Freunde fahren uns zu Veranstaltungen, doch ihr habt kein einziges Mal angeboten, uns zu fahren. Ich muss mich immer bei anderen einladen!"

„Einen Augenblick mal bitte, Anne", ergriff der Vater das Wort. „Du tust ja gerade so, als würden wir überhaupt nichts für dich tun. Ich weiß zum Beispiel, dass du sehr gut Klavier spielst. Wer hat dich zum Klavierunterricht gefahren, und wer hat dafür bezahlt?"

„Toll, Vati! Aber woher weißt du eigentlich, ob und wie ich Klavier spielen kann? Du warst zum letzten Mal bei einem meiner Konzerte, als ich zehn war!"

Bei Ausbrüchen wie diesem verließ Herr Petersen oft das Zimmer. Im Laufe der Wochen begannen Herr und Frau Petersen jedoch, die Gefühle und Empfindungen ihrer Tochter zu verstehen. Sie sahen ein, dass die materiellen Zuwendungen niemals die persönliche Zuwendung ersetzen konnten, die Anne von ihnen brauchte. Anne war einfach ausgebrannt – ihr emotionaler Tank war leer.

Im weiteren Verlauf unserer Gespräche bemühten sich Jens und Monika Petersen außerordentlich, weitere Einsichten in Annes Probleme zu gewinnen und Wege zu finden, ihr Zuwendung zu schenken. Als Anne hörte, dass ihre Eltern sie liebten und sich um sie sorgten und sie das täglich zu Hause spürte, öffnete sie sich ihnen gegenüber wieder.

Das war ein langsamer und schmerzlicher Prozess, doch Anne und ihre Eltern kamen einander wirklich wieder nahe. Der Schlüssel zu ihrem Erfolg lag in ihrem Wunsch und ihrer Entschlossenheit begründet, eine Familie zu sein, in der einer den anderen liebt. In dem Maß, wie Anne die Liebe ihrer Eltern spürte, verschwand ihr Zorn. Diese Liebe und das neue Selbstwertgefühl, das dadurch in Anne entstand, trugen entscheidend dazu bei, die folgenden schweren Monate durchzustehen.

Nils

Mark Weber saß vor mir, mit seinen sorgfältig manikürten Fingernägeln ungeduldig auf die Stuhllehne klopfend. Alles an seinem Äußeren deutete darauf hin, dass er wohlhabend war. Seine Frau Brigitte, gleichermaßen elegant gekleidet, wirkte ebenfalls angespannt.

Die Webers engagierten sich intensiv in einer großen Gemeinde, und alles deutete darauf hin, dass sie nicht nur finanziell erfolgreich waren. Ihre Tochter Amy war sechs und ihr Sohn Nils elf Jahre alt. Ich wusste nicht genau, warum sie in meine Sprechstunde gekommen waren.

Frau Weber begann: „Herr Dr. Campbell, wir müssen mit Ihnen über Nils sprechen. Vor etwa sechs Monaten scheint er sich von einem ganz normalen Jungen in einen stummen Fremden verwandelt zu haben, der nur noch zornig ist. Ständig findet er Entschuldigungen, um uns auszuweichen. Und dabei bleibt uns ohnehin wenig gemeinsame Zeit. Die Rechtsanwaltspraxis meines Mannes findet immer mehr Zuspruch, und meine Kinderboutique erfordert es, dass ich abends oft lange arbeite."

„Ja, Herr Dr. Campbell", pflichtete Herr Weber bei, „man sollte meinen, die Kinder sind dankbar für alles, was wir ihnen bieten können, weil wir so viel arbeiten. Amy bereitet uns keinerlei Probleme, aber bei Nils sieht es ganz anders aus. Vor ein paar Tagen brachten ihn einige seiner älteren Freunde abends betrunken nach Hause. Was in aller Welt treibt einen Elfjährigen dazu, so etwas zu tun?"

„Wir sind über die Maßen schockiert", fügte Frau Weber hinzu. „Und was noch schlimmer ist, Nils bringt mit seinen Querelen unseren gesamten Haushalt durcheinander. Mein Mann musste Klienten umbestellen, und ich nehme mir für dieses Gespräch auch frei von meinem Geschäft. Verstehen Sie mich bitte nicht falsch – wir möchten Nils helfen, wir verstehen jedoch nicht, warum das passiert ist. Wie mein Mann bereits erwähnte, wir haben ihm alles gegeben, und so sieht sein Dank aus."

Während Herr Weber in meinem Sprechzimmer auf und ab ging, fragte er: „Was in aller Welt ist mit unserem Jungen los? Oder sollte es an uns liegen? Ich kann einflussreichen Leuten unserer Stadt helfen, ihre juristischen Angelegenheiten zu klären, aber meinen eigenen Sohn kann ich nicht glücklich machen!"

Die Frage war wirklich, was einen Elfjährigen dazu bewegte, Alkohol zu trinken. Im weiteren Gesprächsverlauf fand ich heraus, dass Nils bereits längere Zeit regelmäßig getrunken hatte, es aber bis jetzt vor seinen Eltern verbergen konnte.

Und Nils ist nicht der Einzige, der so etwas tut. Untersuchungen zeigen, dass eine zunehmende Zahl von Kindern schon in der Vorpubertät Alkohol und Drogen konsumiert. Viele von ihnen kommen aus christlichen Familien.

In Nils' Fall lag die Antwort – wie auch bei vielen anderen – in einem fehlenden Familienleben begründet. Seine Eltern waren zu beschäftigt, um sich für ihn persönlich Zeit zu nehmen. Demzufolge erhielten Amy und er zu wenig Zuwendung von den Menschen, deren spezielle Aufgabe es war, ihnen Liebe und Geborgenheit zu schenken. Weil seine Eltern ihm zu wenig Zeit und Zuwendung schenkten, brannte Nils' emotionaler Tank schließlich leer. Er fühlte sich nicht geliebt. Das machte ihn zornig und gegenüber dem Gruppendruck Gleichaltriger um so sensibler, wollte er doch um jeden Preis von seinen Alterskameraden geachtet und angenommen werden.

Das Beispiel von Mark und Brigitte Weber zeigt sehr deutlich, wie Eltern nach außen perfekt erscheinen können, in Wirklichkeit aber etwas anderes an die Stelle des Familienlebens gesetzt haben. In diesem Fall war es die Karriere. Folglich hatten sie zwei reizende, aber unglückliche Kinder. Ja, wir fanden heraus, dass die sechsjährige Amy ebenfalls zornig auf ihre Eltern war.

Sowohl die Webers als auch die Petersens waren der Meinung, ihre Kinder wüssten doch, dass sie sie liebten. Doch so einfach ist das nicht. Kinder wissen nur, was sie fühlen, und sowohl Anne als auch Nils fühlten sich ungeliebt. Ihr Gefühl gründete sich auf die gemeinsam verbrachte Zeit und die liebevolle Zuwendung, die ihre Eltern ihnen versagten.

Heutzutage haben Eltern oft zu viel Stress und dadurch nicht genügend Spannkraft, um ruhig und gelassen auf normales kindliches Verhalten zu reagieren. Ich weiß, dass Eltern sehr viel Kraft aufbringen müssen, um der Familie, dem Beruf und anderen Verpflichtungen gerecht zu werden, besonders wenn beide Elternteile berufstätig sind. Viele Eltern bringen nicht genug Kraft, Ausdauer oder Entschlossenheit auf, um alle Anforderungen zu erfüllen, und das wirkt sich meist negativ auf das ganze Familienleben aus.

Weil viele Menschen meinen, ein Elternteil allein könne der Aufgabe der Kindererziehung niemals auch nur annähernd gerecht werden, möchte ich an dieser Stelle ein Wort zu den Alleinerziehenden sagen. Ich habe unzählige Alleinerziehende kennen gelernt, die ihre Kinder mit liebevoller Zuwendung und Disziplin erziehen.

Dass das Leben innerhalb der Familie gelingt, hängt nicht davon ab, ob es ein oder zwei Elternteile gibt, sondern ob die Eltern die richtigen Prioritäten setzen. Auch ein allein erziehendes Elternteil kann ein Kind gut erziehen und es durch die anstrengenden Teenagerjahre hindurch begleiten, bis es schließlich zu einem verantwortungsvollen erwachsenen Christen wird.

Zeit: Qualität oder Quantität?

Oft ist von der Qualität der Zeit die Rede, die wir mit unseren Kindern verbringen. Wirklich wichtig ist Zeit. Verbringen Sie Zeit mit Ihrer Familie – um Ihre Kinder besser kennen zu lernen, um ihnen zu sagen, dass Sie sie lieben, um sie wissen zu lassen, dass sie Ihnen viel bedeuten –, das sind die entscheidenden Dinge.

Die Grundlage für den Zusammenhalt einer christlichen Familie ist die gegenseitige Liebe und Fürsorge auf allen Gebieten, einschließlich aller emotionalen, körperlichen, seelischen und geistlichen Bedürfnisse jedes einzelnen Familienmitglieds.

Wenn wir uns lieben, werden wir uns nicht nur die Zeit nehmen, um das Notwendigste zu klären. Wir wollen uns einfach aneinander freuen. Solange wir fröhlich beisammen sind, spielt es wirklich keine Rolle, was wir tun. Als Eltern möchten wir unseren Kindern sagen, dass sie uns wichtiger sind als die vielen anderen Dinge, die sich zwischen Eltern und Kinder drängen wollen.

Die Zeit, die eine Familie in Liebe miteinander verbringt, wird sowohl jedes einzelne Familienmitglied als auch die ganze Familie stärken. Wir schaffen gemeinsame Erinnerungen, wenn wir zusammen unsere Freizeit verbringen, spielen, reisen, uns ausruhen, lesen oder einfach nur Spaß haben.

Erinnern Sie sich an Ihre eigene glückliche Kindheit! Kreisen Sie mehr um Geschenke und Privilegien oder um geschenkte Liebe und Zeit? Was ruft in Ihnen herzlichere Erinnerung hervor – Geschenke, die Sie erhalten haben, oder das Gefühl der Nähe und Vertrautheit mit Ihren Eltern?

Sowohl die Webers als auch die Petersens entdeckten während unserer Gespräche, dass es durchaus möglich war, Zeit für ihre Familie zu finden. Allein schon die Tatsache, dass sie sich Zeit für die Beratung nehmen konnten, diente ihnen als Bestätigung. Indem sie fest entschlossen waren, Zeiten einzuplanen, um einfach als Familie fröhlich zusammen zu sein, trugen sie wesentlich dazu bei, sich für eventuelle Probleme in der Zukunft zu rüsten.

Es braucht Zeit, mit alten Gewohnheiten zu brechen und neue herauszubilden. Diese Familien waren jedoch fest entschlossen, ihr Leben in Zukunft besser zu meistern.

Kommunikation innerhalb der Familie

Legen Sie stets Wert auf einen persönlichen, verbindlichen Ton, wenn Sie mit Ihren Kindern sprechen.

Das Gespräch innerhalb einer Familie sollte sich klar unterscheiden von dem Umgangston in einem Sportverein, in dem Sie vielleicht Mitglied sind. Als Eltern sollen wir in Liebe die Persönlichkeit, das innere Wesen unseres Kindes erreichen.

Aaron, der an einer Studie mit über tausend Teenagern teilnahm, erklärte: „Auch wenn meine Eltern zu Hause sind, ist es so, als wären sie nicht da, denn sie haben keine Zeit." Obwohl Aaron mit seinen Eltern zu Abend isst, sagte er: „Wir unterhalten uns eigentlich nie über ein bestimmtes Thema. Manchmal vielleicht über die Schule. Oft hegen sie Misstrauen gegenüber meinen Freunden. Sobald ich nach Hause komme, gehen sie mir auf die Nerven."

Eine Art von Kommunikation innerhalb der Familie, die in den letzten Jahren, und besonders in bestimmten religiösen Kreisen eine große Beachtung gefunden hat, ist das so genannte Rangfolge-Prinzip. Falls Sie jemals in einer militärischen oder geschäftlichen Organisation oder in einer Familie gewesen sind, wo diese Rangfolge streng eingehalten wurde, dann wissen Sie, wie unpersönlich und entwürdigend dies sein kann. Aus irgendwelchen Gründen empfehlen viele christliche Leiter dieses Rangfolge-Prinzip für das Familienleben, was letztlich bedeutet, dass der Vater der Einzige in der Familie ist, der wirklich Verantwortung trägt. Jeder, der in der Rangfolge nach ihm kommt, ist nur dafür verantwortlich zu tun, was ihm befohlen wird, und das schließt auch die Ehefrau mit ein!

Ich weiß, dass die Dinge nicht überall so auf die Spitze getrieben werden, aber ich weiß um den großen Schaden in vielen Familien, den diese extreme Position angerichtet hat.

Ich glaube, diese Philosophie kam in den sechziger Jahren vermehrt auf, als zunehmende Freizügigkeit und die militanten Demonstrationen gegen den Vietnamkrieg große Teile der Bevölkerung beunruhigten. Gewisse „Fachleute“ wurden ausgebildet, die sich für Verhaltensveränderungen aussprachen. Die Erkenntnisse stützten sich auf Rattenversuche. Ohne die Zusammenhänge eines normalen Pubertätsverhaltens und das Kräftespiel einer Gegenkultur wirklich zu verstehen, machten diese „Experten“ die elterliche Freizügigkeit für die meisten Probleme in unserem Land verantwortlich. Damit bahnte sich eine subtile, aber grundlegende Veränderung sowohl im Verständnis von Elternschaft als auch in der Eltern-Kind-Beziehung ihren Weg.

Der Wandel vollzog sich weg von Zusammenarbeit und gegenseitiger Unterstützung hin zu einer Hierarchie, die mittels Disziplin durchgesetzt wurde. Im ersten Fall übernahmen sowohl die Eltern als auch das Kind Verantwortung für das Verhalten des Kindes, während im zweiten Fall die Eltern mehr Verantwortung für das Verhalten des Kindes übernahmen.

Vor uns steht jetzt die Herausforderung, mit einer Generation von Kindern zurechtzukommen, die es nie gelernt hat, die Verantwortung für ihr Verhalten zu übernehmen und es außerdem ablehnt, dies zu erlernen.

Der Mangel an echter Kommunikation führt zu gegenseitigem Misstrauen, und es kann keine enge

Verbundenheit entstehen. Daraus erwächst ein Teufelskreis, denn je mehr Probleme unsere jungen Leute haben, umso lauter wird der Ruf nach „Disziplin". Je strenger „Disziplin" ohne Liebe und Zuwendung praktiziert wird, umso rebellischer werden die Jugendlichen. Je mehr Probleme sie mit ihrem Zorn und ihrer Wut haben, umso aufsässiger werden sie, was sich schließlich in einer Haltung niederschlägt, die gegen die Eltern, Moralgrundsätze und andere Völker, gegen die Kirche und gegen Gesetz und Ordnung gerichtet ist. Wir haben es schon jetzt mit mehr als einer Generation solcher Menschen zu tun.

Einige Pädagogen meinen, eine Antwort auf die inneren Bedürfnisse dieser Kinder gefunden zu haben, indem sie versuchen, ihnen durch Selbstachtungs-Techniken zu helfen, „sich gut zu fühlen". So kann ein Kind z. B. ein besonderes Lob dafür erhalten, dass es freundlich und kooperativ ist – ein Verhalten, das erwartet und nicht extra belohnt werden sollte.

1993, als die Menendez-Brüder wegen Mordes an ihren Eltern vor Gericht standen, wurden wir von einer grausamen Manifestation jugendlicher Rebellion erschüttert. Stuart Goldman, der für die *National Review* schreibt, ist der Ansicht, dass der Mord und der Prozess der Menendez-Brüder ein eklatantes Beispiel für das Scheitern dieser Selbstachtungsphilosophie darstellt.

In der Kosmologie der „Selbsthilfe-Bewegung" geht man davon aus, dass alles menschliche Versagen auf die Unfähigkeit, sich selbst zu *lieben, zurückzufüh-*

ren ist; das Schlimmste für einen Menschen ist ein angeschlagenes Selbstwertgefühl ... in einer Welt, wo moralische Werte von Therapeuten diktiert, anstatt von Gottes Geboten abgeleitet werden, wo das Böse als Märchen abgetan wird und „sich gut zu fühlen" als Sinn und Ziel unserer Existenz gepriesen wird, können sich die Mörder mit dem Gedanken trösten, dass der Mord an „abscheulichen" Eltern nicht nur erlaubt, sondern sogar gut ist.

In späteren Kapiteln werden wir näher auf die Kommunikation mit zornigen und wütenden Kindern eingehen. An dieser Stelle möchte ich nur noch einmal auf die Bedeutung einer liebevollen, persönlichen Beziehung zu Ihren Kindern hinweisen. Auf diese Weise werden Ihre Kinder lernen, andere und sich selbst zu respektieren und in zunehmendem Maße die Verantwortung für ihr Verhalten zu übernehmen.

Das schließt auch die Beziehungen unter den Geschwistern innerhalb Ihrer Familie ein. Wenn Sie jedes Kind mit Respekt und konsequenter Liebe behandeln, es richtig führen und leiten, dann tragen Sie gleichzeitig dazu bei, Konflikte zwischen den Geschwistern auf ein Minimum zu reduzieren. Das Wort Gottes sagt, dass Gottes Kinder einander lieben sollen, und das bezieht gewiss auch die Kinder innerhalb einer Familie mit

Aufgrund von Zeitdruck und beruflicher Verpflichtungen brauchen viele Eltern Entlastung und Hilfe bei der Kindererziehung. Ich möchte Großeltern und andere Verwandte ermutigen, darüber nachzudenken, wie sie junge Eltern in ihren Familien noch besser unterstützen können.

In unseren Tagen entscheiden sich viele Großeltern gegen eine aktive Beteiligung an der Betreuung ihrer Enkel. Während sie vielleicht der Meinung sind, dadurch Freiheit und Unabhängigkeit zu gewinnen, verlieren sie auf lange Sicht viele Jahre liebevollen Gebens und Nehmens, die durch nichts ersetzt werden können.

Viele Familien leben mit ständigem Stress, weil sie weit entfernt von ihren Verwandten wohnen und kaum Unterstützung von guten Freunden erfahren. Ich meine, man sollte sich fragen, ob man wirklich so leben will. Die ständige Spannung, in der sie leben, und die Angst, die sie zuweilen überfällt, vermitteln den Kindern genau das Gegenteil dessen, was die Eltern eigentlich für sie wollen.

Ich weiß, dass es sehr schwierig ist, Lösungen für dieses Problem zu finden. Gleichaltrige Verwandte haben möglicherweise den gleichen Stress wie die Eltern, und einige Großeltern wollen sich einfach nicht an der Betreuung der Enkel beteiligen. Sie denken vermutlich: „Wir haben unsere Kinder großgezogen, nun müsst ihr eure großziehen."

Vielleicht findet sich aber doch Hilfe. Wenn Verwandte näher zusammen wohnen möchten, kann sich vielleicht eine Familie zu einem Umzug entschließen, um einander besser beistehen zu können.

Wenn das nicht möglich ist, dann sollten Sie sich auf die Suche nach guten Freunden machen und mit ihnen eine Freundschaft beginnen, in der man sich wie in einer Familie vertrauen und gegenseitig unterstützen kann. Das könnten Leute aus der Nachbarschaft oder aus der Gemeinde sein, Menschen, die nahe genug leben, um Sie und Ihre Kinder gut zu kennen und die Hilfe leisten zu können, wie es Verwandte tun würden, wenn sie nebenan wohnten – so wie es Großeltern, Tanten und Onkel in früheren Generationen getan haben.

Die Entscheidung, Verwandte oder Freunde in die Kindererziehung und das Familienleben einzubeziehen, bedarf gründlicher Überlegung und vielleicht einiger Veränderungen. Wenn man sich jedoch entschieden hat, welche Lösung man sich für seine Familie wünscht und wer am besten mithelfen könnte, den Kindern Zeit und Liebe zu schenken, dann sind gewiss auch die Opfer ihren Preis wert.

Es wird von uns und unserer Familie seinen Tribut fordern, wenn man ständig versucht, über seine Kräfte zu arbeiten. Eine Folge könnte zum Beispiel zunehmende Ungeduld und Zornesausbrüche gegenüber unseren Kindern sein.

Weil Kinder sich nicht gegen elterlichen Zorn wehren können, setzen sich tief in ihrem Inneren Schmerz und Frustration fest und bilden eiternde Wunden. Hat man noch einen anderen Erwachsenen zur Seite, der die Kinder liebt und für sie sorgt, wird das sowohl die Eltern entlasten als auch den Schmerz der

Kinder lindern, besonders wenn Sie dazu neigen, sich im Stress zu Zornesausbrüchen hinreißen zu lassen, die Sie später bereuen.

Eine liebevolle Atmosphäre

Am Anfang dieses Kapitels sprachen wir über die Atmosphäre in Ihrer Familie und deren Einfluss auf die Entwicklung des heranwachsenden Kindes. Die folgenden Zeilen von Dons Law Nolte bringen den Einfluss, den das Zuhause und die Umgebung auf ein Kind ausüben, großartig zum Ausdruck.

Kindern lernen, was sie erleben

Wenn ein Kind mit Kritik aufwächst,
lernt es zu verdammen.
Erfährt ein Kind Feindschaft,
lernt es zu streiten.
Wird es lächerlich gemacht,
wird es scheu.
Beschämt man ein Kind,
wird es sich ständig schuldig fühlen.

Erfährt ein Kind Toleranz,
wird es lernen, geduldig zu sein.
Wird es ermutigt,
lernt es zu vertrauen.
Lobt man ein Kind,
wird es Dankbarkeit erlernen.
Behandelt man ein Kind gerecht,
erlernt es Gerechtigkeit.

Schenkt man einem Kind Geborgenheit,
lernt es zu glauben.
Findet ein Kind Anerkennung,
lernt es, sich selbst zu lieben und anzunehmen.
Erlebt ein Kind Freundschaft und Angenommensein,
lernt es, Liebe zu finden in dieser Welt.

4. Kinder brauchen bedingungslose Liebe

Obwohl sie es selten in Worte kleiden, stellen unsere Kinder uns ständig die Frage: „Liebt ihr mich?" Wenn wir nur sagen: „Wir lieben dich", erhalten sie nicht die Antwort, die sie brauchen. Die Ursache dafür liegt darin, dass heranwachsende Kinder mehr verhaltensorientiert, Erwachsene mehr verbal orientiert sind. Das bedeutet, dass wir als Eltern viel mehr auf Worte reagieren als Kinder. Sie müssen unsere Liebe *erfahren,* um wirklich glauben zu können, dass sie uns am Herzen liegen, dass wir sie lieben.

Selbst durch Verhaltensweisen, die wir nicht akzeptieren können, Wutanfälle eingeschlossen, stellen Kinder die Frage: „Liebt ihr mich? Liebt ihr mich genug, um mich nicht aufzugeben?" Weil Kinder noch unreif sind, bringen sie ihre Wut auf unreife Art und Weise zum Ausdruck, durch Beschimpfungen oder Aggression. Daran müssen wir also arbeiten, wenn wir unseren Kindern helfen wollen, ihre Wut und ihren Zorn angemessen auszudrücken. Dabei dürfen wir ihnen nicht verheimlichen, dass diese Gefühle zum Leben dazugehören, auch wenn wir die Aggression nicht gutheißen. Erst dann können sie lernen, richtig mit Zorn umzugehen.

Wenn unsere Kinder noch sehr klein sind, fällt es uns auf anderen Gebieten meist nicht schwer, ihr altersgemäßes Verhalten anzunehmen. Vielen Eltern bereitet es jedoch Schwierigkeiten, mit dem Zorn und der Wut ihrer Kinder umzugehen. In ihrer Frustration versäumen sie es oft, ihre Kinder gerade zu dem Zeitpunkt anzunehmen und sie bedingungslos zu lieben, wo sie es am nötigsten brauchen. In der Tat reizen die Eltern das Kind meist durch schroffe Behandlung noch mehr zum Zorn.

Als meine Kinder noch kleiner waren, musste ich mich selbst immer wieder an einige Dinge erinnern, die eigentlich selbstverständlich sind:

- Weil sie Kinder sind, verhalten sie sich wie Kinder.
- Kindlich-unreifes Verhalten ist nicht immer angenehm.
- Wenn ich als Elternteil meine Aufgabe erfülle und sie trotz ihres kindlichen Verhaltens liebe, lernen sie, ihr unreifes Verhalten abzulegen.
- Wenn ich meine Kinder nur dann liebe, wenn sie mir Freude machen und ihnen meine Liebe auch nur unter dieser Bedingung zeige, fühlen sie sich nie wirklich geliebt. Diese Tatsache wiederum verunsichert die Kinder und hindert sie, mehr Selbstbeherrschung zu erlernen. Deshalb bin auch ich, genauso wie meine Kinder, für die Entwicklung ihres Verhaltens verantwortlich.
- Wenn ich meine Kinder bedingungslos liebe, fühlen sie sich wohl und sind mit sich zufrieden. Auf diese Weise lernen sie auch, ihre Ängste zu beherrschen und ihr Verhalten zu steuern.

Liebe ich meine Kinder nur dann, wenn sie meinen Wünschen und Erwartungen entsprechen, dann fühlen sie sich als Versager. Weil sie den Anforderungen ohnehin nie gerecht werden können, resignieren sie schließlich. Die Folgen sind Angst, Unsicherheit und ein geringes Selbstwertgefühl. Dabei sollten wir niemals vergessen, dass ich für eine gesunde Entwicklung meiner Kinder ebenso verantwortlich bin wie die Kinder selbst.

Kinder brauchen bedingungslose Liebe

Kinder sind wie ein Spiegel. Sie reflektieren Liebe viel mehr, als dass sie von ihnen ausgeht. Wird ihnen Liebe geschenkt, erwidern sie diese Liebe. Erhalten sie keine Liebe, haben sie wenig oder nichts zu geben.

Kinder finden ihren Weg zu einer reifen Persönlichkeit über Spiegelbilder. Sie lernen sich selbst im Spiegel Ihrer Liebe kennen und finden. Manche Spiegel geben ein klares und vollständiges Bild wieder, während andere Sprünge haben oder Zerrbilder reflektieren.

Wenn Eltern ihren Kindern immer bedingungslose Liebe schenken, können die Kinder in den Spiegel dieser Liebe blicken und erkennen, wie sie heute sind und wie sie später sein möchten.

Wenn Kinder sich auf die Liebe der Eltern nicht verlassen können oder nur unter bestimmten Bedingungen Liebe erfahren, werden sie unsicher und können sich nicht zu der Persönlichkeit entfalten, die sie eigentlich sein möchten. Ihr Selbstwertgefühl leidet darunter, dass sie sich Tag für Tag neu fragen müssen, wer sie sind.

Schon der Apostel Paulus schrieb davon, dass wir

jetzt wie durch einen Spiegel ein dunkles Bild sehen. Doch eines Tages wird alles unvollkommene Erkennen aufhören, und wir werden Gott von Angesicht zu Angesicht sehen. Jetzt erkennen wir stückweise, dann werden wir vollkommen erkennen, wie wir vollkommen erkannt sind.

Eine Eigentümlichkeit bei Kindern ist die, dass sie die Dinge nur teilweise erkennen und verstehen. Ein Teil des Heranwachsens und einer reiferen Form der Liebe besteht darin, dass man ein völligeres Verständnis, ein Verständnis von Angesicht zu Angesicht erlangt. Unsere Vorstellungen und unsere Eindrücke von uns selbst kommen hauptsächlich von den Bildern und den Vorstellungen, die wir in unseren Familienmitgliedern ausgedrückt finden – was wir in ihrem Mienenspiel beobachten, was wir vom Klang ihrer Stimme hören und aus ihren Handlungen erkennen. Diese Eindrücke sagen uns nicht nur, wer wir sind, sondern auch, was aus uns einmal werden wird. Wenn diese Eindrücke allmählich ein Teil unserer selbst werden, nehmen wir die Gestalt des Menschen an, den wir im Spiegel der Familie sehen.

In seinem Buch *Heilung der Gefühle* (Healing for Damaged Emotions), erschienen im Verlag der Francke-Buchhandlung GmbH, aus dem auch der oben zitierte Abschnitt stammt, schreibt David Seamands über Spiegel in Vergnügungsparks, die unsere Züge so verzerren, dass wir zu Karikaturen unserer selbst werden. Auf ähnliche Weise wird sich das Selbstwertgefühl eines Kindes, das nicht genügend bedingungslose Liebe erfährt, in eine Richtung entwickeln, die so nie beabsichtigt war.

Es hat einmal jemand gesagt: „Unsere Kindheit ist die Zeit unseres Lebens, in der Gott die Räume des Tempels bauen will, in denen er wohnen möchte, wenn wir erwachsen sind." Welch ein schöner Gedanke! Eltern haben das große Vorrecht und gleichzeitig die schwere Pflicht, dem Tempel seine Grundstruktur zu geben – die Vorstellung, die ein Kind von sich hat. Wenn ein Kind davon überzeugt ist, dass es nur einen geringen Wert besitzt, wird es nur geringen Wert auf das legen, was es sagt oder tut. Wenn es für Leistungsunfähigkeit vorprogrammiert ist, dann wird es leistungsunfähig. Jemand sagte mir einmal, dass das, woran er sich am genauesten erinnerte, die Art war, wie sein Vater immer zu ihm sagte: „Das eine kann ich dir sagen, wenn man etwas falsch machen kann, dann bist du der, der es tut." Wenn diese Art von niedrigem Selbstwertgefühl einmal in einen Menschen eingepflanzt ist, ist es schwierig und manchmal fast unmöglich, dass sich dieser Mensch von Gott geliebt, angenommen und würdig erachtet dem Herrn zu dienen.

Obgleich sie es nicht exakt erklären könnten, wissen Kinder dennoch genau, dass sie es einfach brauchen, bedingungslos geliebt und angenommen zu werden. Ohne diese beiden Voraussetzungen kann ein Kind nicht wachsen und gedeihen.

Wenn Kinder sich nicht zu dem entfalten können, was sie in ihrem Inneren angelegt wissen, wenn sie nicht sie selbst werden können und das Leben nichts als eine Serie verzerrter Spiegelbilder für sie bereithält, werden Kinder zornig.

Als Erwachsene wissen wir, wie lange es bei manchen von uns gedauert hat, bis wir gespürt haben, dass wir schließlich wir selbst sein konnten. Und wir erinnern uns auch an unseren Groll gegen diejenigen, die uns ohne Vorbedingungen hätten lieben und annehmen sollen. Trotzdem enthalten viele Eltern ihren Kindern diese bedingungslose Liebe vor, obwohl sie selbst den Schmerz erfahren haben, ohne genügend Geborgenheit und Selbstvertrauen aufwachsen zu müssen. Damit fordern sie den Zorn ihrer Kinder heraus.

Wenn Ihre Beziehung zu Ihren Kindern auf Liebe beruht, die stets an Bedingungen geknüpft ist, werden Sie Ihre Kinder nie richtig verstehen und sie auch nicht richtig führen und leiten können. Außerdem werden Sie Ihre Aufgabe als Eltern recht verwirrend finden.

Gründet sich Ihr Verhältnis zu Ihren Kindern jedoch auf bedingungslose Liebe, können Sie in Ihrer Aufgabe als Eltern zuversichtlich sein. Mit Ihrer Liebe und richtungweisenden Fürsorge werden Sie Ihren Kindern genau das geben können, was sie brauchen.

Eltern, die ihre Kinder provozieren

Gewiss kennen Sie das Gebot, das Gott Mose gegeben hat, in dem es darum geht, dass Kinder ihre Eltern ehren sollen. Viele hundert Jahre später unterstrich der Apostel Paulus dieses Gebot, als er an die Christen in Ephesus schrieb:

> *Ihr Kinder, seid gehorsam euren Eltern in dem Herrn, denn das ist recht. ‚Ehre Vater und Mutter', das ist das erste Gebot, das eine Verheißung hat: ‚auf dass dir's wohl gehe und du lange lebest auf Erden' (Epheser 6,1-2).*

Aber kennen Sie auch den nächsten Vers? Obwohl wir ihn nicht oft hören, ist er dennoch unheimlich wichtig. Ich möchte Ihnen diesen Vers in verschiedenen Bibelübersetzungen vorstellen:

> *Und ihr Väter, reizt eure Kinder nicht zum Zorn, sondern erzieht sie in der Zucht und Ermahnung des Herrn (Luthertext, revid. Fassung von 1984).*
> *Ihr Väter, macht eure Kinder nicht unwillig, sondern erzieht sie in der Zucht und Weisung des Herrn (Einheitsübersetzung). Ihr Eltern, behandelt eure Kinder nicht ungerecht! Sonst fordert ihr sie nur zum Widerspruch heraus. Eure Erziehung muss vielmehr in Wort und Tat von der Liebe zu Christus bestimmt sein (Hoffnung für alle).*

Paulus hat vermutlich in Ephesus viele Familien besucht, und vielleicht ist er auch zu Zeiten erschienen, wo die Eltern ihn nicht erwartet hatten. Er wusste, wie es in allzu vielen Familien zuging – die Eltern brachten nicht genügend Geduld auf, um die Kinder recht zu erziehen. Sie hatten das weitreichende Ziel aus den Augen verloren, ihre Kinder zu reifen jungen Christen zu erziehen, die in ein paar Jahren als junge Männer und Frauen Verantwortung in Familie und Gemeinde übernehmen konnten.

Paulus betrachtete die Angelegenheit von zwei Seiten. Die Verantwortung für eine gute Erziehung tragen die Eltern und nicht die Kinder. Die Kinder müssen den Eltern gehorchen, für die Erziehung und die Atmosphäre in der Familie sind jedoch die Eltern zuständig.

Wenn Paulus Sie heute besuchen würde, würde er auch sagen: „Reizt eure Kinder nicht zum Zorn, macht sie nicht unwillig, behandelt sie nicht ungerecht."? Auch in christlichen Familien werden Kinder häufig genug zum Zorn gereizt.

- Ein dreijähriges Mädchen pflückte eine Blume und brachte sie ihrer Mutter. Weil die Blume aus dem Garten des Nachbarn stammte, ohrfeigte die Mutter das Kind und übersah völlig die Liebe, die ihre Tochter ihr damit schenken wollte.
- In einer Eisdiele schrie ein Vater seinen kleinen Sohn an, als etwas von dem Eis auf das Hemd des Jungen fiel.
- Eine Mutter sagte zu ihrer Tochter: „Warum kannst du nicht besser Klavier spielen – so wie deine Schwester!"
- Ein Vater schrie aus dem Fenster seinen Sohn an: „Sag deinen Freunden, sie sollen aus unserem Garten verschwinden. Sie trampeln nur unser Gras kaputt!"
- Eine Mutter war mit ihrem dreijährigen Sohn in einem großen Einkaufszentrum. Als der Junge he-

rumzulaufen begann, packte ihn die Mutter, schüttelte ihn durch und schrie ihn an: „Du bleibst da stehen, wo ich dich hingestellt habe!"
- Ein Vater war an einem Tag freundlich zu seinem Sohn, aber am nächsten schrie er ihn an: „Nimm dein Fahrrad aus der Einfahrt!" Diese unterschiedliche Behandlung verwirrte den Jungen.

Wenn Paulus heute zu uns käme, würde er uns nicht raten, schlechtes Benehmen zu dulden oder zu nachsichtig zu sein. Er würde uns jedoch eindringlich ermahnen, bei der Erziehung unserer Kinder konsequent und beharrlich zu sein, und das nicht nur auf das geistliche, sondern auf alle Gebiete des Lebens bezogen.

Erziehung in Liebe

Wenn Sie mein erstes Buch *Kinder sind wie ein Spiegel* gelesen haben, wissen Sie, wie viel Wert ich darauf lege, Kindern die ganze Konzentration zu schenken. Dazu gehören Blickkontakt, körperliche Zuwendung sowie konzentrierte Aufmerksamkeit beim Zuhören und miteinander Reden. Auf diese Weise kann man tief in ein Kind einprägen, wie sehr man es liebt.

Weil dies für den Umgang mit einem zornigen Kind äußerst wichtig ist, möchte ich auf die einzelnen Möglichkeiten näher eingehen. Bereitet mir ein Kind Freude und bin ich mit ihm zufrieden, ist es nicht schwer, sich auf das Kind zu konzentrieren. Wenn ein Kind jedoch zornig und rebellisch ist, wird es viel schwerer sein, ihm liebevolle, konzentrierte Aufmerksamkeit zu schenken. Aber gerade darin besteht die Herausforderung, der wir uns immer wieder stellen müssen, solange wir heranwachsende Kinder haben.

Blickkontakt

Blickkontakt stellt eine hervorragende Möglichkeit dar, einem Kind überzeugend und nachhaltig Liebe zu vermitteln. Um Blickkontakt herzustellen, schauen Sie dem Kind freundlich in die Augen, während das Kind Sie ansieht. Das klingt sehr simpel, und doch wird diese entscheidende Möglichkeit nur sehr selten genutzt.

Blickkontakt mit einem Kind kann so einfach sein, wie einem süßen Baby, das Sie anlächelt und vergnügt kräht, in die Augen zu schauen. Es kann aber auch sehr anstrengend sein, Blickkontakt mit einem Kind herzustellen. Wenn Ihr Dreizehnjähriger wütend auf Sie ist und dieser Wut lautstark Ausdruck verleiht, zu einem Zeitpunkt, da Sie sich selbst völlig leergebrannt fühlen, möchten Sie vielleicht nicht einmal daran denken, ihm liebevollen Blickkontakt zu schenken. Und doch ist es gerade in dieser Situation entscheidend, sowohl um Ihres Sohnes als auch um Ihrer selbst willen, denn genau in solchen Situationen zeigt man Kindern den Weg, wie man mit Zorn und Wut angemessen umgeht.

Weil diese Lektionen für Sie als Eltern die schwersten sind, sollten Sie während der Wutanfälle Ihres Kindes auf Selbstgespräche zurückgreifen. Das wird Ihnen helfen, Ihren eigenen Zorn zu beherrschen.

Sie müssen sich daran erinnern, dass es für Ihr Kind normal ist, seinen Zorn und seine Wut Ihnen gegenüber verbal zum Ausdruck zu bringen, auch wenn es für Sie unangenehm ist. Nur so können Sie Ihr Kind dazu erziehen, diese Gefühle beherrschen zu lernen. Das stumme Selbstgespräch wird Ihnen helfen, sich in dieser schwierigen, aber wichtigen Situation auf den Blickkontakt mit Ihrem Kind zu konzentrieren. Starrt es Sie böse an, werden Sie versucht sein, Ihren Blick abzuwenden, was jedoch nur zu einer Verschlimmerung seines Wutanfalls führen würde.

Bei einem Teenager kann es passieren, dass man einen Zustand erreicht, den ich gern als „Brummphase“ bezeichne. Der Teenager hat sich emotional völlig zurückgezogen, so dass sich seine verbale Äußerung nur noch auf ein Brummen beschränkt. In solchen Situationen wird das Kind gewöhnlich auch jeglichen Blickkontakt vermeiden. Das wird es Ihnen natürlich schwer, wenn nicht unmöglich machen, Ihrem Kind weiter liebevollen Blickkontakt zu schenken.

Es ist unheimlich wichtig, dass Sie sich weiter bemühen, den emotionalen Tank Ihres Kindes zu füllen. Hüten Sie sich davor, Ihren eigenen Zorn und Ärger gegen Ihr Kind zu richten. Weil Sie die Kommunikation mit Ihrem Kind auf lange Sicht aufrechterhalten wollen, müssen Sie sich so verhalten, dass Sie Ihr Kind zu einem richtigen Umgang mit seinem Zorn erziehen können.

Körperkontakt

Wenn Ihr Kind Blickkontakt verweigert, steht Ihnen noch eine andere Möglichkeit zur Verfügung – der Körperkontakt. Statistische Untersuchungen zeigen jedoch, dass nur wenige Kinder genügend Körperkontakt erhalten, um ihren emotionalen Tank zu füllen. Wenn alle fröhlich und zufrieden sind, kann es für Eltern und Kinder angenehm und erfüllend sein, Körperkontakt zu schenken. In unangenehmen Situationen kann dies zum Rettungsanker werden.

Bei Teenagern, die sich in die „Brummphase“ zurückgezogen haben, kann Körperkontakt der einzige Weg sein, wirklich Kontakt mit ihnen aufzunehmen. Sie sind in dieser Phase des Zorns so sehr von ihren eigenen Gedanken gefesselt, dass es sie wenig interessiert, was um sie herum passiert. Hier kann eine sanfte, schnelle, leichte Berührung der Schulter oder des Arms den Kontakt aufrechterhalten. Ist das Kind jedoch immer noch wütend, wird Blickkontakt allein genügen müssen, bis es sich beruhigt hat.

Konzentrierte Aufmerksamkeit

Konzentrierte Aufmerksamkeit bedeutet, Zeit mit einem Kind so zu verbringen, dass es das Gefühl hat, die wichtigste Person auf der ganzen Welt für Sie zu sein. Das ist meist am besten möglich, wenn man mit dem Kind allein ist. Konzentrierte Aufmerksamkeit fordert ein Opfer von Ihnen, ein Opfer an Zeit. Sie schließt Blick- und Körperkontakt gleichermaßen ein. Konzentrierte Aufmerksamkeit zu schenken, kann zu einer echten Herausforderung werden, besonders wenn Ihr Teenager sehr launisch war und man nicht gut mit ihm auskommen konnte. Vielleicht kann man gemeinsam ausgehen, um besser ins Gespräch zu kommen. Sorgen Sie dafür, dass der emotionale Tank Ihres Kindes gefüllt ist. Konzentrierte Aufmerksamkeit kann helfen, die Ursachen aufzudecken, weshalb Ihr Kind so launisch oder zornig war.

Haben Sie Geduld, wenn Ihr Kind allgemein recht teilnahmslos erscheint. Sein Schweigen muss nicht automatisch Feindseligkeit oder Respektlosigkeit bedeuten. Während und nach Wutanfällen brauchen Teenager oft eine Weile, um wieder zu sich selbst zu finden. Drängen Sie Ihr Kind deshalb nicht zum Sprechen. Es wird sich schließlich von selbst öffnen, und vielleicht kommt es sogar zu einem tiefen Gespräch, auch über die Ursachen seines Zorns und seiner Wut.

Ein Beispiel für konzentrierte Aufmerksamkeit in einer schwierigen Situation mag noch besser verdeutlichen, was ich meine. Als unser Sohn David dreizehn Jahre alt war, hatte ihn Joe, einer seiner besten Freunde, eingeladen, bei ihm zu übernachten. Joes Eltern waren seit kurzem geschieden, und Joe lebte mit seiner Mutter nicht weit von uns entfernt. Wir schätzten sie als gute Nachbarn.

Wir hatten jedoch erfahren, dass Joes Mutter Katy an dem betreffenden Abend einen Freund zu sich eingeladen hatte. So sehr wir Katy und Joe auch mochten, konnten wir David einfach nicht erlauben, diese Nacht dort zu verbringen.

David war wütend auf uns und wollte sich nicht

beruhigen lassen. Er hatte den Eindruck, dass wir Katy verurteilten, und ging unter Protest zu Bett. Am nächsten Tag war er immer noch wütend auf uns. Da beschloss ich, ihn zu fragen, ob er mit mir in seinem Lieblingsrestaurant frühstücken möchte. Während wir auf unser Frühstück warteten, sagte mir David schließlich, wie sehr er sich verletzt fühlte, weil wir ihm verboten hatten, bei Joe zu übernachten. Außerdem fragte er mich, wie ich über Katys Verhalten dachte.

Jetzt, da er selbst danach gefragt hatte, konnte ich ihm eine Erklärung geben und sicher sein, dass er mir zuhörte. Ich sagte ihm, dass seine Mutter und ich Katy genauso liebten wie er und dass wir noch immer traurig waren über die Scheidung und darüber, dass Joes Vater fortgezogen war. Ich erklärte ihm auch, dass Katy selbst wissen müsse, was sie tut. Meine Aufgabe als Vater hätte ich jedoch schlecht erfüllt, wenn ich ihm unter diesen Umständen gestattet hätte, die Nacht dort zu verbringen. David zeigte schließlich Verständnis für unsere Haltung.

Der emotionale Tank Ihres Kindes

Ich habe schon mehrmals erwähnt, wie wichtig es ist, den emotionalen Tank Ihres Kindes randvoll zu füllen. In Verbindung mit bedingungsloser Liebe besteht das Ziel von Blickkontakt, Körperkontakt und konzentrierter Aufmerksamkeit darin, den emotionalen Tank Ihres Kindes zu füllen. So wie ein Auto Benzin, eine Heizung Öl und Ihr Körper gesunde Nahrung brauchen, um richtig zu funktionieren, braucht

Ihr Kind Ihre bedingungslose Liebe – auf verschiedenste Art und Weise unter Beweis gestellt –, um zu einer gesunden Persönlichkeit heranzureifen.

Wenn Ihr Kind sich täglich oder gar stündlich fragen muss, ob Ihre Liebe dauerhaft oder an bestimmte Bedingungen geknüpft ist und ob es sich überhaupt lohnt, Ihnen Freude zu bereiten, wird es schließlich den Mut verlieren, es überhaupt weiter zu versuchen. Außerdem wird es an seinem eigenen Wert zu zweifeln beginnen.

David Seamands schreibt in seinem Buch *Befreit vom kindischen Wesen* (Putting away childish Things), ebenfalls im Verlag der Francke-Buchhandlung GmbH erschienen, von einem jungen Mann, der in einer Familie aufwuchs, in der es stets galt, den Anforderungen gerecht zu werden. So lernte er schon sehr früh, dass er nur dann von seinen Eltern geliebt und angenommen wurde, wenn er sie nicht enttäuschte. Und so versuchte er, sich diese Liebe immer wieder zu verdienen. Bobs Eltern haben das getan, was wir zuweilen alle tun:

> *Wir halten unsere volle Zuneigung und Liebe so geschickt zurück, bis wir sehen, dass unsere Kinder sich allergrößte Mühe geben. Anstatt ihnen auf der Stufe Mut zuzusprechen, auf der sie gerade stehen, meinen wir, so drängen zu müssen, „es geht noch besser zu machen". Was die Kinder auch immer tun – ob sie anständig essen, gute Manieren zeigen, Examina ablegen, ein ihrer Altersstufe entsprechendes Glaubensleben führen, wir geben unseren Kindern das Versprechen, dass wir sie schätzen und lieben, wenn sie*

sich nur noch etwas mehr anstrengen. Die Liebe wird so zu etwas, das gerade um die Ecke zu haben ist, das eine Hoffnung weit entfernt ist. Der augenblickliche Leistungsstand wird dabei in schlauer Weise heruntergespielt und verkleinert.

Wir glauben, unserem Kind zu sagen: „Wir lieben dich und möchten, dass du noch mehr erreichst." Zu oft versteht das Kind jedoch: „Wir lieben dich und freuen uns über dich, wenn du noch ein kleines bisschen mehr erreichst."

Das Maß an bedingungsloser Liebe, das Sie erfahren, bestimmt das Maß Ihres Selbstbewusstseins. Das Gleiche trifft auch auf Ihr Kind zu.

Bedingungslose Liebe hat zwei Grundmerkmale: Erstens: Man schenkt sie, ohne den objektiven Wert der Person oder der Sache, die man liebt, in Betracht zu ziehen. Zweitens: Man schenkt sie, ohne irgendwelche Bedingungen oder Voraussetzungen daran zu knüpfen ... Diese Liebe vermag ein Leben völlig neu zu machen und das Selbstwertgefühl enorm zu steigern. Wer bedingungslos geliebt wird, kann sich in aller Einzigartigkeit zu der Persönlichkeit entfalten, als die er erschaffen wurde. Und wer sich in dieser Freiheit entwickeln darf, kann sich darüber freuen, wer er ist, und was er ist ... Wir wollen einfach um unserer selbst willen geliebt werden.

Diese Liebe, von der Neil Clark Warren in seinem Buch *Make Anger your Ally* schreibt, erfahren wir in dem Moment, in dem wir die Gewissheit besitzen, dass nichts uns von der Liebe des Menschen trennen kann, der uns diese Liebe schenkt. Solche Liebe befreit uns von dem Leistungsdruck, uns Liebe verdienen zu müssen. Wir müssen nicht mehr etwas Besonderes sein, um geliebt zu werden. Wir können beginnen, uns selbst zu entdecken, ohne von vornherein in eine bestimmte Richtung festgelegt zu sein. Wir können jeden Augenblick wirklich nur wir selbst sein.

Ihre Kinder brauchen ein hohes Selbstwertgefühl, um wirklich sie selbst sein zu können und zu werden. Dieses starke Selbstwertgefühl entsteht durch das Geschenk und die Freiheit bedingungsloser Liebe. Und Menschen mit einem gesunden Selbstbewusstsein, genährt von bedingungsloser Liebe, haben die besten Voraussetzungen, ihren Zorn richtig zu verarbeiten.

Zu Hause, in ihren Familien lernen Ihre Kinder, was im Leben wichtig ist, und nicht nur durch das, was Sie sagen, sondern auch durch das, was Sie nicht sagen; nicht nur durch das, was Sie tun, sondern auch durch das, was Sie nicht tun.

Bei Ihnen zu Hause erfahren Ihre Kinder, was sie Ihnen, Gott und sich selbst wert sind. Bitte helfen Sie Ihren Kindern durch das, was Sie ihnen sagen und wie Sie mit ihnen umgehen zu begreifen, dass sie Ihnen das Liebste auf dieser Welt sind.

Lassen Sie erste Priorität in der Erziehung sein, den emotionalen Tank Ihres Kindes bis zum Rand zu füllen.

Bedingungslose Liebe

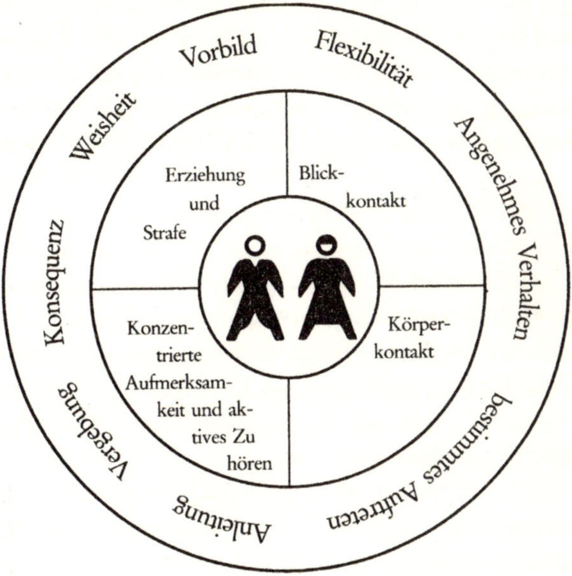

5. Was ist Zorn?

Kindlicher Zorn sucht sich in der Regel drei Kanäle, um sich Luft zu machen: Entweder reagiert ein Kind zornig, oder es ändert bewusst bestimmte Verhaltensmuster, oder es äußert sich rein verbal. Während wir im folgenden Lars, Mark und Anne beobachten, werden wir das deutlich sehen.

- Lars war fünf Jahre alt. Seine Erzieher beurteilten ihn als offen und ausgeglichen, ein Kind, das im Allgemeinen die Dinge so nahm, wie sie kamen, und auch gut mit anderen Kindern auskam. Eines Tages stieß ihn jedoch ein anderer Junge versehentlich zu Boden, als er auf dem Spielplatz an ihm vorbeirannte. Lars schlug daraufhin mit den Fäusten auf den anderen Jungen ein, wodurch dieser eine Wunde über dem Auge davontrug.
  Lars' Erzieher und Freunde waren über seine zornige Reaktion schockiert. Später erfuhr seine Erzieherin, dass Lars an jenem Tag krank war und keinerlei Nahrung bei sich behalten hatte. Lars tat sein Verhalten Leid, und er entschuldigte sich.
  Mit Lars haben wir ein Kind vor uns, das normalerweise gut mit seinem Zorn umzugehen verstand. Unter widrigen Bedingungen – als er krank war – verwandelte er seinen Ärger jedoch in Aggression. Dabei ist es entscheidend zu erkennen, dass Lars sich seines Zorns bewusst war. Er wusste auch, dass es unrecht war, den anderen Jungen zu schlagen.

Obwohl er seinem Zorn nicht auf diese Weise Luft machen wollte, gelang es ihm an diesem Tag dennoch nicht, seinen Zorn zu beherrschen.

- Der sechsjährige Mark war sowohl bei seinen Lehrern als auch bei seinen Mitschülern gut angesehen. Das Lernen fiel ihm leicht, und sein Verhältnis zu seinen Mitschülern war sehr gut. Doch dann begann er immer häufiger einzunässen. Das war ihm natürlich sehr peinlich, aber er konnte nichts dagegen tun.
  Mit Mark erleben wir ein Kind, das seinen Zorn unbewusst demonstrierte. Bis es passierte, war ihm nicht bewusst, dass er zornig war und einnässte. Da Mark seinen Zorn nicht spürte, wäre es in diesem Fall unangebracht, Zorn als ein Gefühl zu bezeichnen. Sein Zorn war ihm weder bewusst, noch äußerte er sich in seinem Benehmen, sein verheerendes Ergebnis war jedoch nicht zu übersehen.
- Anne, ebenfalls sechs Jahre alt, ist ein Kind, das sich sehr gut auszudrücken versteht. Auch ihren Zorn äußert sie häufig verbal. Annes Mutter ist sehr stolz auf die Redegabe ihres Kindes, doch Anne hat diese Gabe dazu benutzt, ihre Mutter zu manipulieren und zu beherrschen.
  Wenn sie trotzig ihren Zorn zum Ausdruck bringt und Streit sucht, verliert ihre Mutter die Beherrschung und schreit sie an. Natürlich verstärkt das Annes Verhalten nur noch, bis ihre Mutter entweder nachgibt oder selbst unangemessen zornig reagiert, was zuweilen strenge Bestrafung einschließt. Nach einer kurzen Verschnaufpause beginnt der Kreislauf von neuem, indem Anne ihrem Zorn mit

Worten freien Lauf lässt. Ihre Mutter ist der Meinung, dass dies hilfreich für sie sei, weil man Kinder nicht zwingen sollte, „ihren Zorn und ihre Wut in sich hineinzufressen". Annes Mutter befindet sich in einer schwierigen Lage. Sie ist der weit verbreiteten Auffassung auf den Leim gegangen, man solle Kindern gestatten, sich uneingeschränkt zu äußern. Sie fürchtet, dass die Entwicklung der Persönlichkeit und des Selbstbewusstseins ihrer Tochter Schaden nimmt, wenn man ihr nicht erlaubt, ihre Gefühle stets verbal zu äußern. Doch dies ist ein verhängnisvoller Trugschluss.

Kinder sind von Natur aus noch unreif

Weil Lars, Mark und Anne noch relativ klein sind, werden sie ihrem Zorn oft ohne viel nachzudenken freien Lauf lassen. Das ist bei Kindern normal. Dennoch stelle ich immer wieder fest, dass es vielen Eltern schwer fällt, diesen kindgemäßen Umgang mit Zorn und Wut zu akzeptieren. Selbst wenn sie mit ihrem eigenen Zorn richtig umgehen können – das gilt nur für wenige Erwachsene –, erwarten sie von ihren Kindern einen reifen Umgang mit Zorn. Das ist eine unmögliche Forderung. Die meisten Kinder bringen ihren Zorn verbal oder durch Aggression zum Ausdruck. Unterbewusste Demonstration von Zorn schließt auch Unterdrückungsmechanismen ein, welche natürlich vermieden werden müssen.

Welches Dilemma! Es ist unmöglich, Kinder wie kleine Erwachsene zu behandeln, die souverän mit ihren Wutanfällen und Zornausbrüchen umgehen können. Natürlich werden uns ihre unreifen Zornesäußerungen nicht gefallen, aber wir müssen lernen, unsere Kinder so anzunehmen, wie sie sind, und das schließt auch die Art und Weise, wie sie ihren Zorn äußern, ein.

Unsere Aufgabe als Eltern besteht darin, unseren Kindern zu helfen, dass sie ihren Zorn verstehen und damit umzugehen lernen. Das kann nicht mit einem Mal geschehen, wir sollten vielmehr das Ziel vor Augen haben, dass sie mit etwa siebzehn Jahren in der Lage sind, ihren Zorn und ihre Wut zu meistern. Das bedeutet, dass wir mit unseren Kindern ständig und jeweils ihrem Alter entsprechend auf dieses Ziel zuarbeiten.

Die meisten Eltern haben mit diesem Erziehungsprozess zwei Probleme. Weil die meisten Erwachsenen selbst Schwierigkeiten haben, mit ihrem Zorn zurechtzukommen, wissen sie erstens nicht, wie ein reifer Umgang mit Zorn aussehen sollte. Zweitens erwarten sie von ihren Kindern, dass sie mit ihrem Zorn richtig umgehen. Gelingt dies dem Kind nicht, reagieren sie völlig unangemessen angesichts der Tatsache, dass ein Kind sich wie ein Kind verhält.

Selbstverständlich ist im Umgang mit Zorn bei Erwachsenen ein ganz anderer Maßstab anzulegen als bei Kindern. Wir sollten als Erwachsene einige Dinge gelernt haben, die die Kinder noch nicht wissen können.

Während wir uns diesem heiklen Thema nähern und Hilfe für unsere Familien zu finden suchen, möchte ich Ihnen zunächst sagen, wie wir vorgehen werden. In diesem Kapitel beschäftigen wir uns damit, was Zorn ist, mit dem Wert des Zorns sowie einigen typischen Beispielen für das Verhalten in unseren Familien.

In den Kapiteln sechs und sieben wollen wir bewusste und unbewusste Ausdrucksformen von Zorn betrachten, die in immer mehr Familien für Durcheinander sorgen.

Da Zorn eine derart komplexe Angelegenheit darstellt, wird er von vielen nicht verstanden, einschließlich solcher Menschen, die sich jahrelang mit dem Phänomen Zorn und seinen Auswirkungen befasst haben. Ich hoffe, mit diesem Buch einen allgemeinen Überblick vermitteln zu können, der Sie zu weiterem Studium auf diesem Gebiet anregt.

In meinem Buch *Teenager brauchen mehr Liebe* habe ich eine Stufenleiter für den Umgang mit Zorn aufgeführt. Da sie die gebräuchlichsten Reaktionen auf Zorn beschreibt, werde ich die Leiter am Ende dieses Kapitels anfügen. Dabei ist die Anzahl der Sprossen unwichtig. Es kommt vielmehr darauf an, auf der Leiter von unten nach oben vorwärts zu kommen, immer angemessener auf Zorn zu reagieren und inakzeptable Verhaltensweisen abzulegen. Reifes und angemessenes Verhalten wurde mit Großbuchstaben gedruckt. Auf den obersten Sprossen finden Sie fast ausschließlich Großbuchstaben, während auf den untersten Sprossen nichts großgedruckt erscheint. Beziehen Sie bitte beim Weiterlesen diese Stufenleiter mit ein.

Ursachen des Zorns

Warum werden wir zornig? Auf einen Punkt gebracht könnte man sagen: Wir werden zornig, wenn wir selbst oder jemand, den wir lieben, bedroht wird. Diese Bedrohung kann verschieden aussehen: wenn das eigene Leben in Gefahr ist, wenn andere sich auf unsere Kosten über uns lustig machen, oder wenn jemand nicht das tut, was er unserer Meinung nach tun sollte.

Wenn wir uns selbst oder einen geliebten Menschen bedroht sehen, bekommen wir Angst. Dies ist in der Tat eine Gabe Gottes, da die Kombination aus Angst und Zorn angesichts einer drohenden Gefahr unsere Abwehrmechanismen mobilisiert. Je nach Art und Ausmaß der Gefahr empfinden wir vielleicht zunächst mehr Angst oder mehr Zorn.

Wir können uns bedroht fühlen in Bezug auf unser körperliches Wohlbefinden, unsere gesellschaftliche Stellung, unsere Familie, unser Selbstwertgefühl, unsere wirtschaftliche Sicherheit, unseren Besitz, unseren inneren Frieden, unsere Wünsche, unseren Glauben oder unsere Beziehungen. Da die genannten Dinge nahezu alle Bereiche unseres Lebens umspannen, könnte man sich auch beinahe ständig bedroht fühlen.

In einer Gesellschaft, in der wir mit zunehmender Sorge sowohl auf die steigende Kriminalität als auch auf die wirtschaftliche Entwicklung schauen und die Medien ständig von Gewalttaten berichten, ist es natürlich, dass unsere Selbstschutzmechanismen aktiviert werden.

Um besser verstehen zu können, was in uns und um uns herum geschieht, ist es sehr wichtig, dass wir lernen, die Ursachen unseres Zorns und unserer Angst zu erkennen. Dabei ist es oft hilfreich, folgendermaßen vorzugehen:

Wenn wir bedroht werden, verfügen wir über eine uns von Gott gegebene Reaktion – wir bekommen Angst. Der emotionale Teil dieser Angst schließt ein, dass wir Zorn verspüren. Um unseren Zorn besser verstehen zu können, ist es hilfreich, folgende Einschätzung vorzunehmen: Erstens: Ich bin zornig, also muss ich Angst haben. Zweitens: Wenn ich Angst habe, fühle ich mich bedroht. Drittens: Worin besteht diese Bedrohung? ... Dieses Vorgehen kann ebenso dazu benutzt werden, den Zorn eines anderen zu verstehen. Wenn jemand (Verwandte, Freunde) zornig ist, heißt das, dass er sich bedroht fühlt – Angst hat – Zorn verspürt. Wenn wir erkennen, wodurch wir uns bedroht fühlen, können wir uns darauf konzentrieren, verantwortlich mit unserem Zorn (und vielleicht auch mit dem Zorn anderer) umzugehen.

Der Wert des Zorns

Ich habe keine bessere Arznei als den Zorn. Denn wenn ich gut schreiben, beten und predigen will, dann muss ich zornig sein; da erfrischt sich mein ganzes Geblüt, mein Verstand wird geschärft, und alle Anfechtungen weichen.

Martin Luther

Es ist äußerst wichtig, dass wir zwischen der von Gott gegebenen Emotion und der Art und Weise, wie wir diesen Zorn zum Ausdruck bringen, unterscheiden lernen. In diesem Buch behandeln wir viele Ausdrucksformen von Zorn, die wir als inakzeptabel betrachten müssen. Zunächst möchte ich jedoch auf den Wert und Nutzen dieser uns von Gott geschenkten Gabe hinweisen.

Eingangs habe ich die Bedeutung des Selbstwertgefühls unterstrichen. Wir alle brauchen genügend emotionalen und geistigen Freiraum, um ausdrücken zu können, wer wir sind und was wir tun können. Außerdem benötigen wir alle unserem Alter und unserer Situation entsprechend einen gewissen Grad an Unabhängigkeit. Jeder von uns braucht das Gefühl, von jemandem, den er schätzt, geliebt zu werden. Wenn wir uns in diesen Dingen bedroht fühlen, werden wir möglicherweise zornig, und das ist zunächst nichts Schlechtes.

Kinder versuchen zu entdecken, wer sie sind, und gleichzeitig alles über die Welt herauszufinden, in der sie leben. So wäre es überraschend, wenn wir uns nicht zuweilen gegenseitig im Weg stünden.

Die Lebensphasen unserer Kinder, in denen sie ihre Unabhängigkeit besonders zum Ausdruck bringen, nennen wir die Trotzphase (bei Zweijährigen) und die Pubertät. In diesen und anderen schwierigen Zeiten machen unsere Kinder einen besonders deutlichen Schritt in Richtung Selbstständigkeit und Unabhängigkeit. Wenn die Kinder mehr erreichen wollen, als wir im Augenblick für klug und angemessen halten, spielt bei diesem Drang zur Eigenständigkeit im Allgemeinen auch Zorn verstärkt eine Rolle. Mit ihrem Zorn versuchen sie uns Folgendes zu sagen: „Schenkt mir mehr Aufmerksamkeit! Es gefällt mir nicht, wie ihr mich im Augenblick behandelt! Stellt mein Selbstwertgefühl wieder her! Ihr steht mir im Weg! Behandelt mich gerecht!"

Wir können uns und unseren Kindern am besten helfen, wenn wir daran denken, dass dieses Streben nach größerer Selbständigkeit völlig normal und auch notwendig ist. Wenn unsere Kinder merken, dass wir sie in ihrem Drang nach mehr Freiheit, Freiraum und Eigenständigkeit verstehen, werden sie eher mit uns zusammen- als gegen uns arbeiten.

Zorn kann großen Nutzen bringen, wenn wir es verstehen, ihn in eine positive Richtung zu lenken. Denken wir nur an die wissenschaftlichen Errungenschaften von Menschen, die im Angesicht von Krankheit und Tod zornig waren, oder an soziale Fortschritte wie das Verbot von Kinderarbeit, das von Menschen bewirkt wurde, die über den Missbrauch von Kindern empört waren.

Zorn setzt Kräfte in uns frei, doch es liegt an uns, was wir mit diesen Kräften tun. Wir können sie entweder positiv oder negativ wirken lassen. Zunächst müssen wir jedoch wissen, wer wir sind, was wir wollen und wodurch wir uns bedroht fühlen. Dann können wir entscheiden, wie wir anderen unsere Empfindungen mitteilen wollen, sei es innerhalb einer Gruppe oder als Einzelner.

Das erinnert mich an etwas, das in unserem Zentrum passierte. Als Marilyn, eine unserer tüchtigen Sozialarbeiterinnen, einmal im Flur an mir vorbeiging, fiel mir ihr zufriedenes Lächeln auf. Ich fragte sie, was los sei.

Sie berichtete von Dagmar, einer jungen Mutter von drei Kindern, die von ihrem Ehemann einige Monate lang körperlich misshandelt worden war. Dagmar hatte Hilfe bei einem Geistlichen gesucht, der ihr ständig geraten hatte, sich ihrem Mann unterzuordnen, ganz gleich, wie er sie behandelte. Schließlich konnten Dagmars Freunde nicht mehr mit ansehen, wie sie so erbarmungslos misshandelt wurde, und brachten sie in unser Zentrum.

Als Marilyn mit ihr sprach, fand sie heraus, dass Dagmar ein extrem abhängiger Mensch war, der sich einfach nicht selbst schützen konnte.

Als Dagmars Mann jedoch damit drohte, eines ihrer Kinder zu misshandeln, reagierte sie schließlich mit einem Zorn, wie sie ihn niemals empfand, wenn sie selbst bedroht und misshandelt wurde. Dieser Zorn motivierte sie dazu, Maßnahmen zu ergreifen, um sich und ihre Kinder vor weiterer Gewalt zu schützen.

Diese Geschichte veranschaulicht sehr deutlich eine der wichtigsten Aufgaben des Zorns – nämlich seine lebenserhaltende Funktion. Wenn wir durch irgendetwas bedroht werden, sind die meisten von uns entschlossen zu überleben. Die Stimulierung aller Reize durch den Zorn ist eine wichtige Voraussetzung für unser Verhalten in einer Gefahrensituation.

Ein Aspekt des Überlebenskampfes ist der Impuls, herauszufinden, wozu wir fähig und wofür wir geeignet sind. Oft sind es die Kreativsten unter uns, denen es schwer fällt, ihren Platz zu finden, an dem sie zeigen können, wer sie sind und was sie können. Wenn sie von den Menschen, die ihnen am nächsten stehen, kaum Hilfe erfahren oder sogar noch entmutigt werden, werden sie zornig. Dieser Zorn kann jedoch gerade zum Anstoß werden, die Suche nach ihrem Platz im Leben fortzusetzen.

Innerhalb verschiedener Kulturen erlernte Zornreaktionen

Eine Zornreaktion ist oft erlernt. Zu den verschiedenen Kulturen können ein Stamm oder eine Stammesgemeinschaft in einem anderen Land oder eine religiöse oder ethnische Gruppe innerhalb unseres Landes gehören. Jede Gruppe hat ihre eigene Sprache und ihr eigenes Selbstverständnis, und dieses Verständnis bestimmt ihr Verhalten.

Weil sie ihre Gefühle auf unterschiedliche Weise zum Ausdruck bringen, werden auch Männer und Frauen oft als „verschiedene kulturelle Gruppen" betrachtet. Selbst unter jungen Erwachsenen, die sich vom traditionellen Rollenverständnis der Geschlechter befreit haben, neigen Frauen mehr dazu, ihren Zorn und Ärger zu unterdrücken und zu verleugnen. Frauen streben viel mehr nach Harmonie als Männer, und sie verdrängen ihren Zorn, um den Frieden zu erhalten.

Auch die Familie ist eine Gruppe, in der Kinder soziales Verhalten lernen. Wenn sich verwandte Familien treffen, verhalten sie sich oft ganz ähnlich. Das kommt zum Beispiel in der Sprache oder der Bewertung bestimmter Ereignisse zum Ausdruck. Wenn Sie mit Ihren Verwandten zusammen sind, werden Sie vermutlich einige auffallende Ähnlichkeiten beobachten, die auch von Ihren Kindern gesehen und erlernt werden.

Gehören viele negative Gewohnheiten im Umgang mit Zorn dazu, können Sie sicher sein, dass Ihre Kinder diese ebenfalls übernehmen. Sie lernen, dass dies die Art ist, wie „ihre Leute" mit Zorn umgehen.

Die Zornreaktionen – die „Hausdrachen" jeder Familie – sind oft altvertraut, weil wir sie wahrscheinlich von unseren Eltern erlernt haben. Sie haben diese Reaktionsweise zu Hause so oft gesehen, dass Sie als Heranwachsender automatisch dasselbe Verhalten entwickelt haben. Jetzt sind Sie möglicherweise beunruhigt, trotz bester Absichten zu einer „Problem"-Familie geworden zu sein. Viele Eltern geben diese „Hausdrachen" an ihre Kinder weiter und fragen sich dann: *Warum werden bei uns immer alle gleich so wütend?*

Wenn Kinder jedoch auf der anderen Seite sehen, wie Zorn in positive, akzeptable Bahnen geleitet wird, werden sie auch diese Verhaltensweisen erlernen.

Wenn Ihre Kinder erleben, wie Sie versuchen, diejenigen, die Ihnen Unrecht getan haben, zu verstehen und ihnen zu verzeihen, werden sie Vergebung als eine Möglichkeit kennen lernen: nicht zur Rechtfertigung von Unrecht, aber als einen Weg, mit Unrecht umzugehen. Sie werden lernen, dass man Zorn und Wut beherrschen und positiv ausdrücken kann, anstatt stets unangemessen und destruktiv zu reagieren.

Ihre Familie ist eine kleine „kulturelle Gruppe"

innerhalb der Gesellschaft. Achten Sie einmal auf die Sprache in Ihrer Familie, beobachten Sie Ihr Verhalten. Finden Sie heraus, was Ihre Kinder anhand des Zusammenlebens innerhalb dieser Gruppe über die Liebe, das Leben und den Zorn lernen.

Manchmal werden Sie recht amüsante Entdeckungen machen. Es kann jedoch auch erschreckend sein, wenn Sie feststellen, dass ein Kind, obwohl es gar nicht so sehr zornig ist, dennoch äußerst unangemessen reagiert – weil es gelernt hat, in der betreffenden Situation so zu reagieren.

Sie können solche Verhaltensweisen innerhalb Ihrer Familie ändern, wenn Sie es nur wollen. Glauben Sie aber nicht, dass dies einfach wäre, und glauben Sie auch nicht, dass Ihre Verwandten Ihren Entschluss loben werden. Wenn Sie versuchen, irgendeinen Aspekt im Verhaltensmuster Ihrer Familie zu ändern, verdächtigt man Sie vielleicht, die Zusammengehörigkeit der Familie untergraben zu wollen.

Wenn Sie davon überzeugt sind, auf dem richtigen Weg zu sein, dann lassen Sie sich von Familienmitgliedern und Verwandten nicht entmutigen! Auf lange Sicht schenken Sie Ihren Kindern und schließlich auch der Großfamilie etwas sehr Wertvolles.

Positiv

1. ANGENEHMES VERHALTEN * LÖSUNGEN SUCHEN * ZORN AUF DIE EIGENTLICHE URSACHE KONZENTRIEREN * SICH AUF DIE URSPRÜNGLICHE BESCHWERDE BESCHRÄNKEN * LOGISCH DENKEN
2. ANGENEHMES VERHALTEN * ZORN AUF DIE EIGENTLICHE URSACHE KONZENTIEREN * SICH AUF DIE URSPRÜNGLICHE BESCHWERDE BESCHRÄNKEN * LOGISCH DENKEN

Positiv und negativ

3. ZORN AUF DIE EIGENTLICHE URSACHE KONZENTRIEREN * SICH AUF DIE URSPRÜNGLICHE BESCHWERDE BESCHRÄNKEN * LOGISCH DENKEN * unangenehmes und lautes Verhalten
4. SICH AUF DIE URSPRÜNGLICHE BESCHWERDE BESCHRÄNKEN * LOGISCH DENKEN * unangenehmes, lautes Verhalten * Zorn auf andere Ursachen ausdehnen, die ursprünglich nichts mit der Sache zu tun haben
5. ZORN AUF DIE EIGENTLICHE URSACHE KONZENTRIEREN * SICH AUF DIE URSPRÜNGLICHE BESCHWERDE KONZENTRIEREN * LOGISCH DENKEN * unangenehmes, lautes Verhalten * Beschimpfungen
6. LOGISCH DENKEN * unangenehmes, lautes Verhalten * Zorn auf andere Ursachen ausdehnen, zusätzliche Beschwerden vorbringen

Vorwiegend negativ

7. unangenehmes, lautes Verhalten * Zorn auf andere Ursachen ausdehnen * zusätzliche Beschwerden vortragen * emotional destruktives Verhalten
8. unangenehmes, lautes Verhalten * Zorn auf andere Ursachen ausdehnen * zusätzliche Beschwerden vorbringen * Beschimpfungen * emotional destruktives Verhalten
9. unangenehmes, lautes Verhalten * Fluchen * Zorn auf andere Ursachen ausdehnen * Beschimpfungen * emotional destruktives Verhalten
10. ZORN AUF EIGENTLICHE URSACHE KONZENTRIEREN * unangenehmes, lautes Verhalten * Fluchen * Zorn auf andere Ursachen ausdehnen * mit Gegenständen werfen * emotional destruktives Verhalten
11. unangenehmes, lautes Verhalten * Fluchen * Zorn auf andere Ursachen ausdehnen * mit Gegenständen werfen * emotional destruktives Verhalten

Negativ

12. ZORN AUF EIGENTLICHE URSACHE KONZENTRIEREN * unangenehmes, lautes Verhalten * Fluchen * Eigentum anderer zerstören * Beschimpfungen * emotional destruktives Verhalten
13. unangenehmes, lautes Verhalten * Fluchen * Zorn auf andere Ursachen ausdehnen * Eigentum anderer zerstören * Beschimpfungen * emotional destruktives Verhalten
14. unangenehmes, lautes Verhalten * Fluchen * Zorn auf andere Ursachen ausdehnen * Eigentum anderer zerstören * Beschimpfungen * Handgreiflichkeiten * emotional destruktives Verhalten
15. passiv-aggressives Verhalten

6. Passiv-aggressives Verhalten

In diesem und im nächsten Kapitel wollen wir negative Ausdrucksformen von Zorn und Wut behandeln. Ich möchte mit der schlimmsten Form beginnen, der passiven Aggression.

Da wir alle zu einem bestimmten Grad passiv-aggressiv sind, kann keiner von uns behaupten, von diesem Übel völlig frei zu sein. Es gibt jedoch Menschen, die in ihrer passiven Aggression extremer sind und deshalb leichter zu solchem Verhalten neigen oder vielleicht auch als Opfer dieses unheilvollen Umgangsstils zu erkennen sind.

Was ist passive Aggression?

So wie allein schon der Name widersprüchlich erscheint, ist auch dieses Verhalten selbst oft sehr schwer zu verstehen und zu erkennen. Wir müssen uns zunächst einige Definitionen der beiden einzelnen Elemente anschauen, um zu begreifen, wie sie sich in der verheerendsten Ausdrucksform von Zorn verbinden.

Das Wort passiv bedeutet, *keinen Widerstand zu leisten* oder *nicht aktiv zu handeln.* Ursprünglich leitet sich das Wort passiv von dem lateinischen „erdulden, leiden" ab, was eine genaue Beschreibung dessen darstellt, was oft aus passiv-aggressivem Verhalten resultiert.

Passives Verhalten richtet sich gegen die eigene Person. Passives Verhalten drückt aus: „Ich bin bereit, alles aufzugeben, um kein Missfallen zu erregen und Bestätigung zu erhalten." Menschen, die zu passiver Aggression neigen, geben oft wichtige Elemente ihrer eigenen Persönlichkeit auf, um Kritik zu entgehen und von anderen geliebt zu werden.

Zorniges und wütendes Verhalten ist ein Verhalten, das sich gegen andere richtet. Es sagt aus: „Ich habe das Recht, mich über dich zu erheben, dich zu erniedrigen, über dich zu herrschen oder dich zu demütigen, um das zu bekommen, was ich will." Ein zorniger Mensch besitzt wenig innere Zurückhaltung und Selbstbeherrschung, und er erkennt äußere Grenzen schwer an. Aggression kann physisch, nonverbal, verbal und in Form einer besonderen Art von Aggression ausgedrückt werden, die man als passive Aggression bezeichnet.

Ist Ihnen aufgefallen, dass passive Menschen sich gegen sich selbst richten und dass wütende Menschen andere angreifen? Wir wollen uns nun anschauen, wie sich diese beiden Elemente verbinden.

Passive Aggression ist eine subtile Form von Aggression, eine versteckte Art, andere anzugreifen oder zu manipulieren, um seinen Willen durchzusetzen. Weil sie versteckte Mittel benutzen, um ihre Ziele zu erreichen, sich an anderen zu rächen und das auszudrücken, was sie nicht offen und ehrlich sagen wollen, werden Menschen, die passive Aggression anwenden, zuweilen auch als die „starken Passiven" bezeichnet.

Obgleich sich passiv-aggressives Verhalten relativ leicht definieren lässt, ist es doch schwer zu erkennen. Als Eltern müssen wir daran denken, dass nicht alles Fehlverhalten passive Aggression ist. Ich möchte Ihnen drei Merkmale nennen, anhand derer Sie dieses Verhalten bei Ihrem Kind oder bei sich selbst identifizieren können.

- Passive Aggression ist unvernünftig und unlogisch. Sie entspringt vorwiegend dem Unterbewusstsein, welches nach außen selten vernünftig erscheint und sich nicht an Logik binden lässt. Dieses Verhalten stellt das Gegenteil von dem dar, was von dem Betreffenden erwartet wird, das Gegenteil von dem, was der Betreffende tun *sollte*.
- Das Ziel der passiven Aggression besteht darin, die Eltern oder eine andere Autorität aufzubringen. Was die Eltern auch tun, um dieses Verhalten zu korrigieren, sie werden keinen Erfolg haben. Je mehr die Eltern versuchen, die Situation zu ändern, umso mehr Druck üben sie auf das Kind aus, das umso fester entschlossen sein wird, die Eltern aus der Fassung zu bringen. Je aufgebrachter die Eltern sind, umso deutlicher spüren die Kinder, dass sie Erfolg haben, und sie werden noch eindringlicher versuchen, die Eltern zu verärgern. Meist stehen Zensuren und Wertvorstellungen im Mittelpunkt solcher Auseinandersetzungen.

Wir möchten, dass unsere Kinder Verantwortung für ihr Verhalten übernehmen, also genau das Gegenteil von passiver Aggression. Um das zu erreichen, müssen Sie warten, bis sie dazu bereit und in der Lage sind. Fordern wir es vorher, werden sie gegen uns kämpfen.

- Obgleich das Ziel passiver Aggression letztlich darin besteht, Eltern und andere Autoritäten aufzubringen, schaden sich die Kinder durch dieses Verhalten am Ende selbst am meisten. Diejenigen, die beschlossen haben, schlechte Zensuren nach Hause zu bringen, müssen ihr ganzes Leben lang mit den Folgen leben. Jedes Jahr muss etwa ein Drittel aller Collegestudenten nach dem ersten Jahr die Schule verlassen. Die Mehrzahl dieser jungen Leute wäre durchaus in der Lage, gute Noten zu erreichen, und sie wissen nicht einmal, warum sie nicht die Noten erreichen, die ihren Fähigkeiten entsprechen.

Kinder, die noch schlimmeren Arten passiv-aggressiven Verhaltens verfallen, ruinieren sich möglicherweise durch Drogen, Alkohol, Krankheit und Armut oder sogar durch Selbstmord, dem schlimmsten Auswuchs passiv-aggressiven Verhaltens.

Die Wurzeln passiver Aggression

In Kapitel fünf haben wir einige kindlich-unreife Ausdrucksformen von Ärger beschrieben. Während wir als Erwachsene wissen sollten, dass solches Verhalten unangemessen ist, kann diese Erkenntnis bei Kindern noch nicht vorausgesetzt werden. Ihrer kindgemäßen Unreife entsprechend bringen sie Zorn und Wut durch Beschimpfungen und Aggression zum Ausdruck. Viele Eltern können dies nur schwer ertragen und reagieren in einer Art und Weise darauf, die dazu führt, dass die Kinder ihren Ärger in noch schlimmerer Form zum Ausdruck bringen. Wenn Kinder beim Umgang mit ihrem Zorn keine Anleitung erhalten, werden sie nicht nur weiterhin auf bewusste, sondern auch auf unbewusste Demonstrationen zurückgreifen.

Betrachten wir folgende Szene: Judith ist zornig und reagiert frech gegenüber ihrer Mutter. Ihr Vater hört das und befiehlt in einem rauen Ton: „Ich möchte nicht noch einmal hören, dass du so mit deiner Mutter sprichst! Hast du das verstanden?"

Weil man Judith nicht zeigt, wie sie mit ihrem Zorn besser umgehen kann, lernt sie nicht nur, dass das, was sie gesagt hat, unangebracht ist, sondern auch, dass es in Zukunft nicht ratsam sein wird, Zorn unverhohlen zum Ausdruck zu bringen. So beginnt sie, ihren Zorn zu unterdrücken und zu verdrängen.

Weil sie sich nicht davor schützen kann, ist Judith, wie alle kleineren Kinder, nicht in der Lage, mit dem Zorn ihrer Eltern zurechtzukommen. Wenn ihr Vater seinen Zorn an ihr auslässt, kann sie nicht angemessen darauf reagieren – was bedeuten würde, den Zorn nicht in sich hineinzufressen. Und so nimmt sie den Zorn ihres Vaters direkt in sich auf. Dieser Zorn bleibt jedoch nicht dort.

Wenn Eltern ihren Zorn an Kindern auslassen, fressen die Kinder diesen Zorn in sich hinein, der später in Form antiautoritativen Verhaltens wieder an die Oberfläche tritt. Dieses Verhalten bildet den Samen für passive Aggression.

Wird Zorn auf diese Weise jahrelang unterdrückt und die antiautoritative Einstellung mit in das Erwachsensein hinübergenommen, haben wir es mit einem voll ausgereiften passiv-aggressiven Menschen zu tun, der ausgezeichnet gelernt hat, Zorn auf falsche Weise zu unterdrücken und ihn dann so zum Ausdruck zu bringen, dass es für andere nahezu unerträglich wird.

Schauen wir uns Verena und Jana an, zwei junge Frauen, deren Eltern es versäumt haben, sie zu lehren, wie man mit Zorn und Ärger richtig umgeht und die ihnen außerdem, als die beiden noch klein waren, sehr deutlich gemacht haben, dass sie ihre Wut unterdrücken müssen.

Verena

Verena war ein blondes, attraktives neunzehnjähriges Mädchen mit blauen Augen, das von ihrer zutiefst besorgten Mutter begleitet wurde. Als sie mein Sprechzimmer betraten, waren beide freundlich, und sie schienen es beide kaum erwarten zu können, mir den Grund ihres Besuchs mitzuteilen.

Verena begann: „Meine Eltern sind entsetzt über meine Verlobung mit Dan. Sie müssen wissen, Dr. Campbell, dass Dan ein Farbiger ist. Ich habe ihn auf dem College kennen gelernt, und ich liebe ihn sehr. Er ist wirklich ein wunderbarer Mensch, und ich wünsche mir sehr, dass auch meine Eltern ihn akzeptieren.“

Verenas Mutter verteidigte sich: „Wir haben keine rassistischen Vorurteile, Herr Dr. Campbell. Wir machen uns einfach nur Sorgen um unsere Tochter, und auch darüber, was diese Ehe für Dan bedeuten würde.

Außerdem sind wir sehr beunruhigt im Hinblick auf die Kinder, die aus dieser Ehe hervorgehen könnten."

Diese Offenheit von Mutter und Tochter beeindruckte mich sehr, und ich empfand ein tiefes Mitgefühl.

„Erzählen Sie mir von Dan", bat ich.

Sofort erklärte Verena: „Er ist wunderbar. Er ist klug, hübsch, süß, nett, und er liebt mich."

„Sie können sich phantastisch kurz fassen", versuchte ich sie zu necken, um die Atmosphäre, die immer gespannter wurde, aufzulockern.

„Was Verena gesagt hat, stimmt, Herr Dr. Campbell. Dan ist ein feiner junger Mann. Aber wie sollen sie all die Probleme bewältigen, die auf sie zukommen werden?"

„Was sagt Ihr Vater dazu, Verena?", fragte ich.

In Verenas Gesicht spiegelten sich Verwirrung, Trauer und Zorn wider: „Er ist völlig gegen diese Ehe, und er lehnt es sogar ab, darüber zu reden. Doch ich werde Dan heiraten, egal, was er dazu sagt. Es interessiert mich nicht, wie er dazu steht." Zornesröte trat in das junge Gesicht.

Eine Woche später sprach ich mit Verenas Vater. Er war ein harter Mann, der mit rauer Stimme sprach und nur dann redete, wenn er direkt gefragt wurde. Während unseres Gesprächs brachte er vorwiegend negative Dinge zur Sprache – er beschwerte sich über seine Frau, seine Kinder und über seine Arbeit. Es war offensichtlich, dass Verenas Vater ein trübsinniger, unglücklicher Mensch war. Er war äußerst empört über das Verhältnis zwischen Verena und Dan und brachte über beide kaum ein gutes Wort über die Lippen.

Drei Tage später hatte ich ein Gespräch mit Dan und stellte fest, dass alles, was Verena und ihre Mutter über ihn gesagt hatten, genau zutraf. Er war ein feiner junger Mann mit einer sehr angenehmen Art. Außerdem war er sehr aufgeweckt, begabt, konnte sehr gut reden, und er schien Verena zu lieben.

Anschließende Tests und Gespräche zeigten sehr deutlich, welch unsagbare Wut Verena gegenüber ihrem Vater verspürte. Außerdem wurde es offenkundig, dass sie diese Wut durch passiv-aggressives Verhalten zum Ausdruck brachte.

In den folgenden Wochen ließen Verenas schulische Leistungen immer mehr nach, bis sie zuletzt beschloss, das College zu verlassen. Ihre Beziehung zu Dan verschlechterte sich ebenso, hauptsächlich aufgrund ihres veränderten Verhaltens. Sie verhielt sich auch ihm gegenüber zunehmend passiv-aggressiv, indem sie ihn belog und sich heimlich mit anderen Jungen traf. Es dauerte nicht lange, und die Verlobung wurde aufgelöst.

Ich habe Menschen kennen gelernt, die als Angehörige verschiedener Rassen oder Kulturen eine wunderbare Ehe führen. Leider sind solche Romanzen jedoch oft das Ergebnis passiv-aggressiven Verhaltens – einer unbewussten Entschlossenheit, eine oder mehrere verantwortliche Personen – und gewöhnlich handelt sich um die Eltern – zu verärgern. Beruht eine Beziehung auf einer solchen unbewussten Absicht, wird sich das natürlich ebenso negativ auf das Paar wie auf eventuelle Kinder auswirken.

Verena brauchte über einen längeren Zeitraum Beratung, bis sie imstande war, mit ihrem Zorn und ihrer Wut richtig umzugehen. In dem Maße, wie Verena lernte, ihren Zorn auf angemessener Art und Weise auszudrücken, lernte sie auch, ihr passiv-aggressives Verhalten zu beherrschen.

Jana

Jana war ein Teenager mit ernstem Gesicht, als sie mein Sprechzimmer betrat. Da sie offensichtlich deprimiert und gehemmt zu sein schien, schwiegen wir einfach eine kleine Weile, bis sie schließlich darüber sprechen konnte, wie schwer es ihr gefallen war, in meine Sprechstunde zu kommen. Sie war sich nicht sicher, ob sie imstande sein würde, den eigentlichen Grund ihres Kommens zu offenbaren.

Nachdem wir uns einige Zeit über belanglose Dinge unterhalten hatten, erzählte sie mir schließlich, wie furchtbar beunruhigt sie über eine lesbische Beziehung mit einer anderen Basketballspielerin sei, in die sie am College „hineingeraten" war. Sie hatte bisher so etwas nie gekannt und war daher zutiefst besorgt.

Nach ihren Eltern befragt, berichtete mir Jana, ihr Vater sei ein erfolgreicher Geschäftsmann, der seine Frau liebte. Er genoss sowohl in ihrem Wohnort als auch in ihrer Kirchengemeinde ein hohes Ansehen. Janas Mutter war ebenfalls ein feiner Mensch, den Jana achtete und liebte. Beide Elternteile waren jedoch sehr beschäftigt und hatten wenig Zeit für Jana. Auf der anderen Seite erklärte sie jedoch, dass sie die

Zeit, die sie gemeinsam verbrachten, wirklich sehr gut nutzten. Ferner sagte sie, dass ihr Vater sehr schnell zornig werden konnte. Wenn Jana ihn geärgert hatte, lud er seinen ganzen Zorn auf ihr ab.

Tests und anschließende Gespräche ergaben, dass Jana eine zutiefst deprimierte junge Frau war, die eine Menge Zorn in sich aufgestaut hatte. Die zwei Hauptursachen für ihren Zorn waren einerseits die Tatsache, dass sie sich von ihren Eltern nicht geliebt fühlte, sowie andererseits ihre tiefe Depression.

Jana hatte gelernt, ihren Zorn passiv-aggressiv zu verarbeiten, und das war auch der Grund, weshalb sie sexuell auf ihre Mannschaftskameradin reagiert hatte. Nachdem ihre Depression behandelt worden war und Jana gelernt hatte, ihren Zorn auf direktere und angemessenere Art zum Ausdruck zu bringen, konnte sie sich auch selbst besser verstehen.

Jana war nicht lesbisch; sie benutzte vielmehr passiv-aggressives Verhalten dazu, um ihren gewaltigen Zorn zum Ausdruck zu bringen. Und Jana war kein Einzelfall in meiner Praxis.

Passive Aggression bei Erwachsenen

Obwohl Verena und Jana älter als siebzehn waren und damit den Zeitpunkt überschritten hatten, den ich als Ziel für das Erreichen eines reifen Verhaltens gesetzt hatte, konnte ich ihnen trotzdem im Verlauf einer längeren Beratung helfen, ihr passiv-aggressives Verhalten abzulegen.

Wird dieses Verhalten jedoch unkontrolliert in das Erwachsenenalter übernommen, wird es oft nicht als das erkannt, was es ist, und kann zur Quelle endloser Qual und Frustration für andere werden. Zwei Bereiche, in denen sich passive Aggression besonders unheilvoll auswirkt, sind das Arbeits- und das Eheleben.

- Angestellte mit passiv-aggressiver Neigung werden diese vermutlich in den ersten beiden Jahren ihres Angestelltenverhältnisses verbergen können. Dies ist möglich, weil sie noch keinen Grund haben, auf ihren neuen Arbeitgeber ärgerlich zu sein und somit auch in ihrem Unterbewusstsein noch keinen Ärger gegen ihn angestaut haben. Weil es im Laufe der Zeit jedoch stets zu irgendwelchen Reibungen kommen wird, wenn man mit anderen oder für andere Menschen arbeitet, wird der passiv-aggressive Mensch – begründet oder unbegründet – Anlass zum Zorn finden, den er jedoch so lange wie möglich unterdrücken wird, in der Regel nicht länger als zwei Jahre. Gelingt es den Betreffenden nicht mehr, ihren Zorn noch länger zu unterdrükken, beginnt er sich zunächst über unbewusste Verhaltensweisen einen Weg zu bahnen.
  Diese Menschen sind sich der Tatsache nicht bewusst, dass sie nun genau das Gegenteil von dem tun, was sie tun sollten. Dieser Prozess wird durch eine allmähliche Veränderung im Verhalten eingeleitet; der vormals freundliche und kooperative Mitarbeiter wird schwierig und aufsässig. Solche Menschen werden am Ende so unausstehlich, dass sie ihren Arbeitsplatz verlieren.
  Natürlich können auch Arbeitgeber passiv-aggres-

siv sein und ihren Angestellten die Arbeit dadurch enorm erschweren.

- Passive Aggression kann sich verheerend auf persönliche Beziehungen auswirken, und nirgends tritt sie so offen zutage wie in der Ehe. Am Anfang der Ehe unterdrückt der passiv-aggressive Partner seinen Ärger noch, doch irgendwann wird er sich direkt gegen den Ehepartner richten.

Mit einem passiv-aggressiven Partner verheiratet zu sein, kann zu einem fortwährenden Alptraum werden, aus dem es kein Entrinnen gibt, denn die Möglichkeiten, einen Ehepartner zum Zorn zu reizen, sind endlos und schließen alle Bereiche des Lebens ein. Passive Aggression äußert sich in einer Ehe häufig in Form von Lügen, körperlicher und emotionaler Ablehnung, allgemeinen Beschuldigungen, schlechtem Umgang mit Geld und heftigen Zornausbrüchen – nicht gerade das, wonach man sich in einer Ehe sehnt!

„Normale“ passive Aggression

Es gibt nur einen Lebensabschnitt, in dem passive Aggression als „normal“ betrachtet werden kann, nämlich die Zeit der frühen Pubertät, die etwa einem Alter von dreizehn bis fünfzehn Jahren entspricht. Passiv-aggressives Verhalten kann in dieser Zeit als normal eingestuft werden, solange es weder verletzend noch destruktiv wirkt.

Teenager zu sein ist in unserer Zeit, in der es so viele gefährliche Möglichkeiten gibt, passive Aggression auszudrücken, besonders schwer. In früheren

Zeiten haben Teenager vielleicht die Kuh von Bauer Neumann an der Scheune festgebunden oder ein paar „Plumpsklos“ umgeworfen. Als ich jung war, haben wir den VW-Käfer eines Freundes auseinander genommen und das Auto, während er in Urlaub war, in seinem Zimmer wieder zusammengebaut. Als meine Kinder Teenager waren, konnte ich mich herzlich über ihre Streiche amüsieren, wenn sie z. B. den Hof von Freunden mit Toilettenpapier tapezierten. Heutzutage haben Teenager jedoch Zugang zu Drogen, Waffen, Alkohol und vielem mehr. Außerdem wird das Problem noch dadurch verschärft, dass so viele Teenager unter schweren Depressionen leiden.

Dieses „normale“ passiv-aggressive Verhalten zeigt sich zumeist bereits im Alter von etwa zehn bis elf Jahren, wenn ein Kind seine Hausaufgaben vernachlässigt, herumtrödelt oder seinen Eltern auf die Nerven geht. Wenn Eltern wissen, dass dieses Verhalten Bestandteil der augenblicklichen Entwicklungsphase ihres Kindes ist, werden sie, obgleich es unangenehm ist und einige Jahre andauern kann, richtig damit umzugehen verstehen.

Je besser die Eltern mit diesem Verhalten fertig werden, umso weniger wird es sich außerhalb der Familie äußern. Gelingt es den Eltern dagegen nicht, dieses Verhalten wirkungsvoll zu steuern, wird es sich außerhalb der Familie ausweiten, was zu peinlichen und möglicherweise gefährlichen Situationen führen kann. Deshalb ist es weitaus besser, die Schwierigkeiten möglichst innerhalb der eigenen vier Wände zu meistern.

So sehr Ihnen die Unordnung im Zimmer Ihres

Kindes auch missfallen mag, sollten Sie dennoch daran denken, dass dies den anderen Ausdrucksformen passiver Aggression, wie wir sie bereits erwähnt haben, bei weitem vorzuziehen ist. Hoffen Sie, dass Ihr Kind sich darauf beschränkt, sein Unbehagen in Form von Unordnung, Trödelei, Krach und einem zuweilen seltsamen äußeren Erscheinungsbild zum Ausdruck zu bringen!

Denken Sie daran: Kinder versuchen umso mehr, Ihren Lebensnerv zu treffen, je tiefer sie in die Pubertät eintreten; sie sind fest entschlossen, genau das Gegenteil dessen zu tun, was die Eltern wollen. In christlichen Familien schließt dies auch den geistlichen Aspekt mit ein, denn die Eltern möchten, dass ihre Kinder Gott lieben und sich treu zur Gemeinde halten. Als wir in unserer Familie eines Sonntagsmorgens zu hören bekamen: „Ich will heute nicht mit zum Gottesdienst gehen“, wussten wir, dass die Zeit der Pubertät über uns hereingebrochen war, zumal diese Worte aus dem Munde eines Kindes kamen, das einst begeistert zum Gottesdienst gegangen war.

Wenn Eltern übertrieben oder ärgerlich darauf reagieren, tragen sie möglicherweise dazu bei, ihre Kinder wirklich von Gott zu entfremden. Wir alle kennen christliche Familien, in denen erwachsene Kinder die geistlichen Werte der Eltern gering achten. Wenn Sie daran denken, dass diese Auflehnung entwicklungsbedingt normal ist und sich nicht persönlich gegen Sie oder Gott oder die Gemeinde richtet, wird es Ihnen leichter fallen, auch in schwierigen Situationen die Fassung zu bewahren.

Zensuren und schulische Leistungen im Allgemeinen sind ein weiteres Gebiet, das Eltern von jüngeren Teenagern Probleme bereitet. Da Kinder wissen, dass den Eltern so viel an guten Zensuren gelegen ist, wählen sie diesen Bereich zu einem Hauptziel ihrer Rebellion. Die Chancen, die Eltern aus der Fassung zu bringen, stehen ausgezeichnet. Wenn Eltern es verstehen, nicht zu viel Aufhebens zu machen, wenn die Zensuren ihrer Kinder einmal etwas schlechter ausfallen, werden sie und ihre Kinder dieses Problem schneller und leichter meistern.

Vielleicht erinnern Sie sich an die Definition von Integrität, die ich Ihnen in Kapitel eins gegeben habe. Dazu gehörte auch, selbst Verantwortung für sein Verhalten zu übernehmen. Passive Aggression lehnt es ab, selbst Verantwortung zu übernehmen, und versucht stattdessen, sie auf andere, wie z. B. Eltern oder Lehrer abzuwälzen. Diese sollten die Verantwortung nicht übernehmen, sondern vielmehr darauf bestehen, dass das Kind die Verantwortung für sein Verhalten selbst trägt.

Nahezu klassische Beispiele findet man, wenn Kinder die fünfte Klasse erreichen. Schüler, die bis dahin gut und zuverlässig gelernt haben, fangen plötzlich an, ihre Hausaufgaben zu „vergessen". Werden die Aufgaben zum wiederholten Mal nicht abgegeben, informieren die Lehrer die Eltern darüber, die ihrerseits dafür sorgen, dass die Aufgaben erledigt werden. Man glaubt, das Problem gelöst zu haben, was sich jedoch als Irrtum erweist; selbst wenn die Aufgaben erledigt sind, „vergessen" die Kinder, diese mit in die Schule zu nehmen. Sorgen die Eltern dafür, dass die Arbeiten mit in die Schule gelangen, „vergessen" die Kinder, sie abzugeben und lassen sie stattdessen in ihren Schreibtischen liegen.

Als meine Kinder die fünfte Klasse besuchten, habe ich, wenn ich die Möglichkeit dazu hatte, in den Schreibtischen nachgeschaut, welche Kinder ihre Arbeiten dort versteckt hatten.

Als David, der ältere meiner Söhne, in der achten Klasse war, fielen seine Zensuren von eins auf zwei und drei. Glücklicherweise wusste ich damals schon etwas über normales passiv-aggressives Verhalten und habe nicht auf seine schlechteren Zensuren reagiert. Nachdem er auch in der neunten Klasse nur das Nötigste getan hatte, begann ich, mir zu Beginn der zehnten Klasse doch ernsthaft Sorgen zu machen. In diesem Jahr befreundete er sich mit einigen Jungen, die älter waren als er und bald ihre Ausbildung an einem guten College begannen. David erkannte, wie wichtig gute Zensuren waren.

Als er schließlich mit mir über sein Zeugnis sprach, konnte ich ihm von meinen Bedenken erzählen. Ich wusste, dass er jetzt, da er selbst die Bedeutung seiner Zensuren erkannt hatte, auf mich hören würde. Als er sich nach dem Zensurendurchschnitt erkundigte, der notwendig war, um ein gutes College zu besuchen, konnte ich ihm anhand des Katalogs des Colleges Auskunft geben, das seine Schwester besuchte. Auch David hatte seine Schwester bereits nach dem erforderlichen Zensurendurchschnitt gefragt. Als er die geforderten Noten mit seinem gegenwärtigen Leistungsstand verglich, stellte er schockiert fest: „Es sieht ganz so aus, als müsste ich mir eine Arbeitsstelle suchen, anstatt weiter zu studieren." Von jenem Tag an verbesserten sich seine Noten kontinuierlich, und er wurde an dem College angenommen, das er sich ausgewählt hatte. Hätten meine Frau und ich drei Jahre lang wegen seiner Zensuren geschimpft und gezetert, hätte David vermutlich seinen High-School-Abschluss nur gerade so geschafft.

Wie geht man mit „normaler" passiver Aggression um?

„Normales" passiv-aggressives Verhalten von Teenagern kann für Eltern derart provozierend sein, dass sie leicht in eine Rolle geraten, in der sie ihre Kinder provozieren. Dies geschieht durch die Art und Weise, wie wir unsere Kinder anschauen und wie wir mit ihnen reden. Obgleich dies in einer ohnehin angespannten Situation unwichtig erscheinen mag, sollten wir uns dennoch der Tatsache bewusst sein, dass Kinder mit unserem Zorn nicht zurechtkommen. Sie verfügen über keinerlei Schutzmechanismen, die verhindern, dass unser Zorn sie innerlich verletzt.

Die meisten Eltern sprechen im Zorn leiser als gewöhnlich. Vermutlich werden sie Aufträge ebenfalls in diesem Tonfall erteilen. Sagen sie zum Beispiel: „Ich möchte, dass du den Mülleimer leerst, *und zwar sofort!*", so kann dieser, mit zornigem Unterton gesprochene Zusatz automatisch dazu führen, dass der Teenager zornig wird und mit passiver Aggression reagiert. Ich rate Eltern, auf einen freundlichen Ton zu achten, der die Kinder ermutigt und nicht einschüchtert.

Eltern provozieren ihre Kinder außerdem, wenn sie eine Bitte wie einen Befehl formulieren. Gelingt es uns, nicht ärgerlich zu reagieren, werden unsere Kinder äußerst dankbar sein, besonders wenn sie wissen, dass wir allen Grund hätten, ärgerlich über sie zu sein.

Eine weitere Möglichkeit, wie Eltern ihre Kinder provozieren können, sind Blicke, besonders in angespannten Situationen. Dann ist es äußerst wichtig, liebevollen Blickkontakt zu wahren und nicht von dem Kind wegzuschauen. Blickkontakt allein reicht jedoch nicht aus, denn manche Eltern erhalten zwar den Blickkontakt aufrecht, schauen ihre Kinder aber wütend oder stirnrunzelnd an, wodurch sich das Kind abgelehnt fühlt. Solche Blicke können von dem Kind ebenso interpretiert werden, als würde es angeschrieen. Auf der anderen Seite ist es jedoch genauso wichtig, einem wütenden Kind nicht mit einem Lachen oder Lächeln zu begegnen. Dadurch gewinnt es den Eindruck, die Eltern würden sich auf seine Kosten amüsieren.

Weil Blicke so überaus wichtig sind, empfehle ich Eltern, vor dem Spiegel einen „neutralen Blick“ zu trainieren. Dies ist besonders wichtig, wenn man gewöhnlich meist lächelt oder die Stirn runzelt. Sie könnten, ohne es zu wissen, den Anschein erwecken, Ihr Kind zu verachten oder zu verspotten.

Haben Sie den Eindruck, dass ich Sie auf die zornigsten Augenblicke Ihres Kindes vorbereiten möchte? Genau das versuche ich tatsächlich. Kinder können ihren Zorn auf äußerst lästige, frustrierende und in höchstem Grade erschütternde Art und Weise zum

Ausdruck bringen. Befindet man sich plötzlich in einer solchen Situation, ist es oft schwer genug, die eigene Wut zu beherrschen, geschweige denn, auch noch daran zu denken, wie man auf das Kind wirkt.

In der Konfrontation mit einem zornigen Kind sind zwei Dinge unerlässlich: erstens, das Kind so anzunehmen, wie es ist – einschließlich seines kindischen Verhaltens in Bezug auf seine Zornesäußerung –, und zweitens, dem eigenen Zorn angemessen Ausdruck zu verleihen. Ich weiß, wie schwer das ist, aber es ist so wichtig im Hinblick auf Ihr Ziel, Ihr Kind zu einem immer reiferen Umgang mit Zorn zu erziehen. Die besten Lektionen in diesem andauernden Prozess erteilen Sie durch Ihr Vorbild.

Begegnet uns ein Kind zornig, wäre es durchaus normal, unsererseits mit Zorn zu reagieren, was jedoch in keiner Weise das Problem lösen hilft. Wir müssen bedenken, dass wir die Erwachsenen und unser Sohn oder unsere Tochter die Kinder sind. Wir müssen sie als Kinder annehmen, ohne ihr Verhalten zu kopieren.

Nehmen wir das Kind samt seiner kindgemäßen Art der Zornesäußerung nicht an, wird sich der Zorn an anderer Stelle manifestieren, das heißt, er wird sich im Inneren des Kindes festsetzen. Damit bereitet man gleichzeitig den Nährboden für passiv-aggressives Verhalten – jetzt und in der Zukunft.

Auf der Stufenleiter vorankommen

Gewiss erinnern Sie sich an die Stufenleiter in Kapitel fünf. Bei der Erziehung Ihrer Kinder werden Sie in den kommenden Jahren bemüht sein, ihnen zu helfen, auf dieser Leiter Sprosse um Sprosse, weg von den negativen Ausdrucksformen des Zorns, immer weiter in positiver Richtung voranzukommen. Dies ist ein langer Prozess, der sowohl Einübung als auch Vorbilder erfordert.

Sie haben bemerkt, dass passive Aggression auf der untersten Stufe rangiert. Ganz gleich, ob eine Leiter dreißig oder sechzig Sprossen hat, passive Aggression wird stets auf der untersten Sprosse zu finden sein. Weil passiv-aggressives Verhalten bei Teenagern häufig anzutreffen ist, müssen sich alle Eltern mit dieser Ausdrucksform des Zorns auseinandersetzen. Dabei geht es in erster Linie darum, dass unsere Kinder nicht auf dieser Stufe stehen bleiben.

Vergessen Sie nicht, dass Ihr Kind nur Stufe um Stufe vorankommen, nur eine Sprosse auf einmal erklimmen kann. Diese Tatsache mag Eltern, die diesen Prozess so schnell wie möglich abschließen wollen, frustrierend erscheinen. Noch frustrierender ist es, dass Eltern warten müssen, bis das Kind in der Lage ist, den nächsten Schritt zu tun. Das bedarf viel Weisheit und Geduld. Ich kann Ihnen jedoch versichern, dass das Warten sich lohnt. Indem wir jedem unserer drei Kinder genug Freiraum für ein individuelles Entwicklungstempo eingeräumt haben, durften meine Frau und ich erleben, wie alle drei immer besser gelernt haben, angemessen mit ihrem Zorn umzugehen.

Beobachten Sie, wie Ihr Kind seinen Ärger zum Ausdruck bringt, um feststellen zu können, auf welcher Stufe es sich im Augenblick befindet. Dann wissen Sie auch, wie der nächste Schritt aussehen muss. Meine schlimmsten Erfahrungen mit der Wut meiner Kinder habe ich gemacht, als David etwa dreizehn Jahre alt war. Glücklicherweise ging diese Phase schnell vorüber. Wenn David über ein bestimmtes Erlebnis völlig außer sich war, brachte er seinen Ärger verbal auf eine Art und Weise zum Ausdruck, die für mich nahezu unerträglich war. Ich musste im Stillen Selbstgespräche führen, um herauszufinden, auf welcher Stufe der Leiter David sich im Augenblick befand. Dann sagte ich mir: „Komm Junge, lass deine Wut heraus, David. Wenn einmal alles heraus ist, werde ich dir meinen Teil sagen." Natürlich habe ich David kein Wort von meinen Selbstgesprächen gesagt.

Solange der Zorn in David kochte, beherrschte er ihn und unser Haus. Deshalb lag mir so viel daran, dass er seinen Zorn herausließ. Denn sobald alles heraus war, kam er sich einfältig vor, und ich konnte wieder vernünftig mit ihm reden. Er hatte seinem Ärger durch Worte Luft gemacht und stellte sich nun die Frage: „Was soll ich jetzt tun?" An dieser Stelle konnte ich einspringen und mit David darüber sprechen, was angebracht und nötig war.

Es gab noch einen weiteren Grund, weshalb ich froh war, dass er seinen Ärger nach außen richtete: je mehr Zorn er in Worten ausdrückte, umso weniger konnte er sich in Form von Lügen, Stehlen, Sex, Drogen und allen anderen Arten passiver Aggression äußern, wie sie heutzutage weit verbreitet sind.

Liebe Miteltern, ich weiß, dass dies nicht leicht nachzuvollziehen ist, und vielleicht haben Sie an dieser Stelle ernsthafte Bedenken. Einem Kind zu gestatten, seinem Ärger Ausdruck zu verleihen, bedeutet nicht, nachgiebig zu sein. Wir dürfen nicht vergessen, dass Kinder in jedem Alter ihren Zorn unangemessen ausdrücken, wenn sie es nicht anders gelernt haben. Wir können unsere Kinder jedoch nicht dazu erziehen, reifere Ausdrucksformen für ihren Ärger zu finden, indem wir ihnen einfach verbieten, ihn zu äußern. Wenn wir das tun, schießen wir über das Ziel hinaus und unterdrücken ihren Zorn derart, dass er zu passiver Aggression führt.

Wollen wir unsere Kinder zu einem reifen Umgang mit Zorn erziehen, müssen wir ihnen gestatten, ihren Zorn – auch wenn dies unangenehm sein kann – verbal zu äußern. Warum? Die beste Möglichkeit, mit Zorn fertig zu werden, besteht darin, ihn *verbal, und zwar angemessen* zu äußern. Gestattet man Kindern jedoch nicht, ihren Zorn zu verbalisieren, werden sie dies nie lernen können. Deshalb werden kluge Eltern daran interessiert sein, dass ihre Kinder ihren Zorn mit Worten ausdrücken, damit sie ihn erstens nicht in sich aufstauen und damit sie zweitens lernen können, Fortschritte auf der „Stufenleiter" zu machen.

Zorn muss stets geäußert werden, entweder mit Worten oder durch Verhalten. Erlauben wir unseren Kindern nicht, ihren Zorn verbal zu äußeren, müssen sie ihn verdrängen, und die Folge wird passivaggressives Verhalten sein.

Bringt Ihr Kind seinen Zorn Ihnen gegenüber sehr direkt zum Ausdruck, so ist dies nicht unbedingt mit Respektlosigkeit gleichzusetzen. Um herauszufinden, ob Ihr Kind wirklich respektlos ist, sollten Sie sich die Frage stellen: „Wie verhält sich mein Kind meistens mir gegenüber?“ Die meisten Kinder begegnen ihren Eltern zu 90 % mit Achtung und Respekt.

Trifft dies auch auf Ihr Kind zu, dann besteht kein Grund zur Sorge, wenn es seinem Ärger Ihnen gegenüber sehr direkt Luft macht; im Gegenteil, gerade das möchten wir als Eltern. Sie wissen bereits, wie Sie sich verhalten müssen, und sind mit Blickkontakt, neutralem Blick und Selbstgesprächen bestens gewappnet. Hat Ihr Kind sich seinen Ärger erst einmal von der Seele geredet, bietet sich Ihnen eine ausgezeichnete Möglichkeit, Ihrem Kind im Umgang mit seinem Zorn Hilfestellung zu leisten. In Kapitel neun werden wir ausführlicher besprechen, wie diese Hilfe konkret aussehen kann. Im Augenblick möchte ich nur noch einmal darauf hinweisen, dass es ungemein wichtig ist, wie Sie sich verhalten, wenn Ihr Kind zornig ist.

Es mag vielleicht unfair erscheinen, wenn man von Eltern erwartet, dankbar zu sein und sich zu beherrschen, wenn ihre Kinder ihrem Zorn mit Worten Luft machen. Ich weiß, das ist nicht leicht. Durch solches Verhalten werden Sie jedoch zwangsläufig reifen und außerdem sich selbst und Ihre Kinder künftig vor schwerwiegenden Problemen bewahren helfen.

Vielleicht stellt sich Ihnen die Frage: „Was ist mit einem Kind, das fast ständig zornig ist, auch ohne durch ein bestimmtes Ereignis zum Zorn gereizt worden zu sein?“ Es gibt in der Tat Kinder, die versuchen, ihre Eltern durch verbale Äußerung von Zorn zu manipulieren und ihren eigenen Willen durchzusetzen. Dies ist natürlich etwas ganz anderes, als wenn ein Kind seinem Ärger über einen bestimmten Zwischenfall Luft macht. Diese Art Äußerung, mit dem Ziel, andere zu manipulieren und zu verletzen, ist natürlich unangemessen und muss korrigiert werden. Dabei gelten jedoch für uns als Eltern die gleichen Anforderungen: wir müssen freundlich und konsequent sein.

Bei meinem Sohn David hatte ich es nicht mit der eben beschriebenen Art von Manipulation, sondern mit normalen Zornesäußerungen eines Teenagers zu tun. Ich möchte jedoch vermeiden, dass der Eindruck entsteht, ich hätte dabei weder Wut noch Spannungen empfunden. Im Gegenteil, ich musste diese Gefühle erst abklingen lassen, bevor ich David Hilfestellung leisten konnte. Es gibt sehr viele Möglichkeiten, Kinder zu erziehen, ihnen beim Wachsen und Reifen zu helfen, und vielleicht finden Sie bessere Wege als ich. Die Hauptsache ist jedoch immer, dass wir unser Ziel nicht aus den Augen verlieren.

Wenn Ihr Kind seinen Zorn zu Ihnen bringt, dann bringt es gleichzeitig auch sich selbst, damit Sie ihm helfen können, richtig mit seinem Zorn umzugehen. Wichtig ist, auf jeden Fall zu warten, bis sich beide – Kinder und Eltern – beruhigt haben und eine offene Atmosphäre zwischen ihnen herrscht, ehe man beginnt, am Umgang mit Zorn zu arbeiten. Auf der anderen Seite ist es auch wichtig, nicht zu lange zu warten, um nicht die Möglichkeit zu verpassen, an das eben Erlebte anzuknüpfen. Sobald sich alle beruhigt haben, sollten sie sich gemeinsam hinsetzen und folgende drei Dinge tun:

- Lassen Sie Ihr Kind wissen, dass Sie es nicht verurteilen. Besonders wenn es einer Autoritätsperson gegenüber aufgeschlossen ist, also zur „Gruppe der 25-Prozentler“ gehört (siehe Kapitel 11), fühlt es sich vielleicht jetzt im Rückblick auf das, was geschehen ist, schuldig. Ein ganz wesentlicher Teil unserer Erziehungsaufgabe auf diesem Gebiet besteht darin, unserem Kind zu zeigen, dass wir es als Person annehmen, so wie es ist, und dass wir stets daran interessiert sind, zu wissen, wie es sich fühlt, ganz gleich, ob es gerade glücklich oder unglücklich ist. Und so sagte ich zu David: „Wenn du wütend bist, dann sage es mir.“
- Als nächstes sollten Sie Ihr Kind für das loben, was es richtig gemacht hat. Zum Beispiel habe ich zu David gesagt: „Du bist zu mir gekommen und hast mir gesagt, dass du wütend bist, und das war gut so. Du hast deine Wut nicht an deinem kleinen Bruder oder an dem Hund ausgelassen. Du hast nicht mit Gegenständen geworfen oder gegen die Wand geschlagen. Du hast mir einfach nur mitgeteilt, dass du wütend bist.“

Verstehen Sie, was ich damit sagen will? Ich habe alles aufgezählt, was er richtig gemacht hatte. Wenn ein Kind zu Ihnen kommt, um seinem Zorn und seiner Wut mit Worten Luft zu machen, hat es immer auch etwas richtig gemacht und Falsches vermieden.

- Anschließend möchten Sie Ihrem Kind helfen, auf der „Stufenleiter“ weiter nach oben voranzukommen. Dazu ist es ratsam, eher eine Bitte als ein Verbot auszusprechen. Anstatt zu sagen: „Du wirst mich nie wieder so nennen!“, sollten Sie vielmehr formulieren: „Von jetzt an nennst du mich bitte nicht mehr so, ja?“ Das ist noch keine Garantie dafür, dass Ihr Kind diesen Ausdruck nie mehr gebrauchen wird. Es wird diesen Schritt jedoch tun, wenn es reif genug dafür ist. Das kann am nächsten Tag, nach einigen Wochen oder erst viele Monate später der Fall sein. Diese Erziehungsaufgabe ist ein langwieriger und schwieriger Prozess.

Wenn Sie diese Schritte oft genug gemeinsam getan haben, wird Ihr Kind in ähnlicher Weise nachzudenken beginnen, auch ohne dass Sie es daran erinnern. Ein Kind ist auf fremde Hilfe und Ihr gutes Beispiel angewiesen. Beides zusammen ist nötig, damit Kinder den richtigen Umgang mit Zorn und Ärger lernen und damit beginnen, selbstständig an sich zu arbeiten.

Die wichtigste Voraussetzung ist hier, wie auch in allen anderen Bereichen der Kindererziehung, dass wir unseren Kindern bedingungslose Liebe schenken.

Wenn Kinder sich bedingungslos geliebt wissen, wenn sie sich wirklich immer geliebt fühlen, sind sie viel offener für das, was Sie ihnen beizubringen versuchen. Und Sie werden eher Ihr Ziel erreichen, dass Ihr Kind mit siebzehn Jahren einen reifen Umgang mit Zorn gelernt hat.

7. Weitere unreife Ausdrucksformen von Zorn und Ärger

Obwohl passive Aggression die schlimmste Ausdrucksform von Zorn darstellt, gibt es noch weitere Formen, die sowohl für den Einzelnen als auch für gesamte Familien tragische Folgen haben können.

In dem Maße, wie ein Mensch wächst und reift, sollte auch seine Art und Weise, mit Ärger umzugehen, reifen. In Wirklichkeit begegnet man jedoch leider vielen Erwachsenen, die nur sehr schlecht mit ihrem Ärger umgehen können und dieses Verhalten bewusst oder durch ihr Vorbild auf ihre Kinder übertragen. In diesem Kapitel wollen wir einige destruktive Ausdrucksformen von Zorn und Ärger näher unter die Lupe nehmen.

Aggression

Das Ziel von Aggression besteht darin, einem Menschen, einem Gegenstand oder einer Gruppe Schaden zuzufügen. Dies kann durch verbale oder körperliche Angriffe geschehen. So kann ein Kind mittels Waffen, Worten, Händen oder Füßen zornig werden. Aggression stellt fast immer ein unangemessenes Mittel dar und führt gewöhnlich zu irreparablen Schäden in Beziehungen. Scheinbare Erfolge werden schließlich von den destruktiven Folgen überschattet.

Diese Folgen wiegen besonders schwer im Verhältnis zwischen Eltern und Kindern. Zorniges Verhalten von Eltern ihren Kindern gegenüber führt beinahe unausweichlich zur Auflehnung gegenüber Autoritäten. Außerdem werden die Eltern ihrer Vorbildrolle nicht gerecht, wenn sie ihre Kinder durch ihr negatives Verhalten lehren, aggressiv zu reagieren.

Ein Blick auf die Stufenleiter zeigt uns, dass zorniges Handeln ziemlich weit unten rangiert und gewöhnlich mit anderen destruktiven Verhaltensweisen einhergeht.

Als Zeitgenossen einer extrem zornigen Gesellschaft wissen wir, dass Gewalt wiederum Gewalt hervorbringt. Zeuge von Gewalttaten anderer zu sein, in Wirklichkeit oder auf dem Bildschirm, verstärkt die eigene Gewaltbereitschaft.

Eine Studie der Yale Universität, die sich mit den Ursachen kindlicher Aggression beschäftigt, hat mich besonders beeindruckt. In einem Beobachtungszeitraum von zwei Jahrzehnten kam man zu folgenden Ergebnissen: Die Kinder, die mehr fernsahen, wurden häufiger zornig; und je mehr sie fernsahen, umso größer wurde die Wahrscheinlichkeit, dass sie zu zornigen Erwachsenen wurden, die Verbrechen begehen würden.

Natürlich ist das Problem viel umfassender, als dass es nur mit dem Fernsehkonsum eines Kindes in Zusammenhang gebracht werden könnte. Ich persönlich bin der Meinung, dass der ausschlaggebende Punkt, der darüber entscheidet, wie ein Mensch schließlich mit seinem Ärger umgeht, in dem Grad der anti-autoritativen Neigung des Betreffenden zu suchen ist – oder anders ausgedrückt, von dem Anteil passiver Aggression in seinem Umgang mit Zorn und Ärger abhängt.

In Kapitel sechs haben wir bereits auf den Unterschied zwischen zornigem und entschlossenem Verhalten hingewiesen. Ich möchte dies noch einmal unterstreichen, denn offenes und entschlossenes Auftreten ist gewöhnlich eine gesunde und angemessene Verhaltensweise. Dazu gehört auch, seine Gefühle, einschließlich Wut und Zorn, unmittelbar zum Ausdruck zu bringen, ohne jedoch dabei andere zu verletzen. Solange man konstruktiv bleibt, kann dieses Verhalten sehr hilfreich für die Durchsetzung der eigenen Ziele sein.

Das Ziel von Aggression besteht jedoch darin, durch Gewaltanwendung Schaden anzurichten. In ihrem Buch *Taming the Dragon in your Child* gibt die Autorin Meg Eastman unter der Kapitelüberschrift „Das zornige, außer Kontrolle geratene Kind" wertvolle Hinweise zu diesem Thema. Nachdem sie sich mit spezifischen Verhaltensweisen wie Streit, Beschuldigungen und Machtkämpfen auseinandergesetzt hat, stellt sie Folgendes fest:

> *Die Probleme aggressiver, außer Kontrolle geratener Kinder sind vermutlich ursächlich auf Stress, Impulsivität, Hyperaktivität, Misshandlung und mangelnde Anleitung zur Selbstbeherrschung zurückzuführen. Bei kleineren Kindern ist es oft leicht, zorniges Verhalten zu entschuldigen und darüber hinwegzusehen. Bis zum Erreichen des Schulalters hat dieses Verhalten jedoch meist nicht mehr zu übersehende, störende Formen angenommen. Die Kinder genießen es vielleicht be-*

reits, wie sie mit ihrer Aggressivität Macht ausüben und andere beherrschen können. Sie zeigen möglicherweise keinerlei Reue oder schlechtes Gewissen, und es interessiert sie wenig, was ihr Verhalten bei anderen bewirkt. Sie suchen tatsächlich vielmehr nach einem Schuldigen für ihr Verhalten und lehnen es ab, selbst die Verantwortung zu übernehmen ...

Typische Situationen, die bei wütenden und ärgerlichen Kindern Zornesausbrüche hervorrufen, sind beispielsweise:

- Man fühlt, dass die eigene Stellung und der Einfluss, den man ausüben will, bedroht sind.
- Man hat Angst, in der Klasse, Mannschaft, in der Familie oder innerhalb des Freundeskreises als Versager zu gelten.
- Die eigene Machtposition ist bedroht: wenn der eigene Wille nicht durchgesetzt werden kann, wenn man sich Anordnungen fügen muss, die für die gesamte Klasse gelten, oder wenn eine Aufgabe zu erledigen ist, die den Betreffenden „langweilt".

Meg Eastman ist der Meinung, dass man dem zornigen Kind „Grenzen, Grenzen und nochmals Grenzen" setzen muss. Außerdem gibt sie wertvolle Hinweise zum Thema Disziplin und Strafe.

Verbale Äußerung von Zorn und Ärger

Verbale Äußerung von Zorn – Zorn mit Worten zum Ausdruck zu bringen – unterscheidet sich insofern von verbaler Aggression, als dass ihr Ziel nicht darin besteht, andere zu verletzen, sondern einfach nur seinem Ärger durch Worte Luft zu machen. Dieses Verhalten kann von lautem, wütendem Schreien bis zu gemurmelten Kraftausdrücken, von Meckern und Motzen bis hin zu hysterischen Schimpfkanonaden reichen. Egal, wie sich der Ärger äußert, immer ist es unangenehm, ihn ertragen zu müssen. Deshalb sollten unsere Kinder dieses Verhalten bis zum Alter von siebzehn Jahren abgelegt haben.

Trotzdem erfüllt die verbale Äußerung von Zorn und Ärger in der Kindheit einen Zweck, denn sie bietet uns die Möglichkeit, unsere Kinder zu lehren, wie sie ihren Zorn angemessen zum Ausdruck bringen können. Solange unsere Kinder ihren Ärger und ihre Wut *mit* Worten ausdrücken, bekunden sie ihn wahrscheinlich nicht durch ihr Verhalten, wie z.B durch passive Aggression.

Wir müssen als Eltern stets daran denken, dass es nur zwei Möglichkeiten gibt, Zorn zu äußern – entweder mit Worten oder durch bestimmte Verhaltensweisen – und dass wir entscheidenden Einfluss darauf nehmen können, welche dieser beiden Möglichkeiten unsere Kinder wählen. Die meisten Kinder äußern ihren Zorn verbal. Je mehr Eltern diese Äußerung unterdrücken, indem sie sagen: „Halt den Mund!“ oder „Das will ich nicht noch einmal hören!“, umso mehr werden Kinder ihren Zorn durch ihr Verhalten bekunden.

Wenn wir als Eltern wirklich begriffen haben, dass wir darüber entscheiden können, wie unsere Kinder ihre Wut zum Ausdruck bringen, können wir eigentlich nur froh darüber sein, wenn sie es mit Worten anstatt mit körperlicher Aggression oder passiv-aggressivem Verhalten tun.

Nörgeln und Verweigern

Nörgeln ist eine unreife Ausdrucksform von Zorn, die eng mit der verbalen Äußerung verwandt ist. Der Unterschied zur reinen verbalen Äußerung besteht jedoch darin, dass mit Nörgeln noch ein anderes Ziel verfolgt wird als nur, seinem Ärger mit Worten Luft zu machen. Wir nörgeln, wenn wir meinen, versagt zu haben, oder uns einem anderen Menschen oder einer Situation gegenüber hilflos fühlen. Nörgeln tritt häufig in engen Beziehungen, wie z. B. innerhalb der Familie, auf.

Mit Nörgeln will man versteckt die Botschaft weitergeben: „Ich will dir doch nur helfen." Als Eltern müssen wir daran denken, dass Nörgeln eine unterschwellige Art ist, unseren Zorn auf unsere Kindern abzuwälzen, welche in höchstem Maße destruktiv wirkt und mit Sicherheit rebellisches Verhalten provoziert.

Beim Verweigern handelt es sich entweder um ein legitimes Mittel der Bestrafung oder um eine Ausdrucksform von Zorn. Als Mittel der Bestrafung angewandt, verweigert ein Elternteil einem Kind zeitweise etwas, was es gerne haben möchte. Solange Verweigerung nicht zum Ziel hat, das Kind zu verletzen, oder von fortwährendem Zorn der Eltern begleitet ist, kann diese Methode durchaus als geeignete Strafe betrachtet werden.

Eltern können jedoch im Zorn ihren Kindern auch Liebe und Zuwendung verweigern. Das ist ganz besonders gefährlich, weil Kinder dadurch lernen, wie man dieses heimtückische Verhalten anwendet, und sie werden es vermutlich passiv-aggressiv einsetzen, indem sie ihrerseits Liebe, Gehorsam, Leistung, Bereitschaft zur Zusammenarbeit, Freundlichkeit und vieles mehr verweigern.

Rückzug und Schweigen

Sich zurückzuziehen und zu schweigen sind keine geeigneten Mittel für einen richtigen Umgang mit Zorn. Sie können sich besonders in der Ehe verheerend auswirken, wenn man sie dazu benutzt, seinen Ärger zu verbergen.

Wir können uns in Schweigen hüllen, um nicht zugeben zu müssen, dass wir wütend sind, und uns damit gleichzeitig einer gesunden Auseinandersetzung mit der Situation und der betreffenden Person entziehen. Dieses Verhalten ist nahe verwandt mit der Verweigerung; in Rückzug und Schweigen kapseln wir uns jedoch selbst gegen unsere Partner ab. Die meisten Menschen, die dieses ablehnende Verhalten praktizieren, wissen oft selbst nicht, was sie tun.

Rückzug und Schweigen sind für ein Kind besonders schmerzlich und schädlich, da sie genau das Gegenteil von bedingungsloser Liebe darstellen. Sich aus der Eltern-Kind-Beziehung zurückzuziehen ist das Gleiche, als würde man dem Kind sagen: „Manchmal liebe ich dich, und manchmal nicht." Dieses klassische Beispiel von Liebe, die an Bedingungen geknüpft ist, ist eine der Hauptquellen für kindlichen Zorn. Liebe Eltern, wir dürfen weder unseren Kindern gegenüber, noch in unserer Ehe in dieses unreife und schädliche Verhalten verfallen! Die Auswirkungen sind katastrophal!

Andrew D. Lester beschreibt aus schmerzlicher Erfahrung, wie er und seine Frau gelernt haben, konstruktiv mit ihrem Zorn umzugehen, anstatt sich in Schweigen zurückzuziehen.

> *Anstatt uns weiter ängstlich vor und mit unserem Zorn zurückzuziehen, haben wir es gewagt, miteinander darüber zu reden, wie wir das auch bei anderen Gedanken und Gefühlen taten. Wir haben begonnen, Verantwortung zu übernehmen und mit unserem Ärger konstruktiv umzugehen, anstatt zuzulassen, dass er uns unseres Glücks beraubte. Inzwischen wissen wir, dass Zorn Möglichkeiten eröffnen kann, in engen Beziehungen zu noch größerer Vertrautheit zu gelangen.*

Verdrängter Zorn

Verdrängter Zorn richtet sich gegen Unschuldige. Dies geschieht meist, wenn wir über jemanden ärgerlich sind, den wir nicht mit unserem Zorn konfrontieren können – unsere Arbeitgeber, Lehrer oder andere Vorgesetzte.

Verdrängter Zorn richtet sich leicht gegen Kinder. Wenn ein Elternteil sich über das unreife Verhalten seines Kindes ärgert, ist es leicht möglich, angestaute Wut auf andere gegen das Kind zu richten, anstatt das eigentliche Problem liebevoll und konstruktiv zu lösen.

Wir dürfen nie vergessen, dass Kinder elterlichem Zorn schutzlos ausgeliefert sind und ihn deshalb nicht vertragen können. Wenn Eltern ihre Kinder ihren Ärger spüren lassen, so ist das stets verletzend; aufgestaute Wut über andere bei den Kindern abzuladen, kann sich jedoch verheerend auswirken. Wenn wir als Eltern lernen, uns zu beherrschen, werden wir damit gleichzeitig einen positiven Beitrag für die gesunde Entwicklung unserer Kinder leisten.

Unterdrückung von Zorn oder verbale Äußerung?

In unseren Tagen herrscht ziemliche Verwirrung und Unsicherheit bei der Frage, ob man Zorn unterdrücken sollte oder nicht. Die einen behaupten, dass man Gefühle niemals unterdrücken oder in sich aufstauen sollte. Vertreter dieser Richtung meinen, dass man Gefühle, und ganz besonders Zorn und Wut, stets verbal zum Ausdruck bringen sollte. Es ist in der Tat so: Wenn man die Wut immer unterdrückt und ins Unterbewusstsein verdrängt, kann das zu verschiedenen Problemen, wie psychischen Erkrankungen und passiver Aggression führen. Ebenso kann das Unterdrücken von Ärger mit bestimmten körperlichen Erkrankungen in Zusammenhang gebracht werden. Howard Friedman und Stephanie Booth-Kersley haben in ihren Untersuchungen zur Unterdrückung von Gefühlen beobachtet, dass folgende Emotionen an der Entstehung körperlicher Krankheiten beteiligt waren: Zorn, Depression, Feindseligkeit, Angst und

Introversion. Die statistische Auswertung von 101 Studien führte sie zu der Annahme, dass folgende fünf Krankheiten emotionale Komponenten aufweisen: Herzkrankheiten, Geschwüre, Kopfschmerzen, Arthritis und Asthma.

Auf der anderen Seite wird man die genannten Probleme ebenso wenig vermeiden helfen, wenn man Wut irgendwie verbalisiert. Seinen Zorn einfach nur mit Worten abreagieren zu wollen, kann in der Tat nicht nur zu den eben genannten Problemen führen, sondern im Gegenteil, die Wut sogar noch steigern. Leider wirkt wahlloses Verbalisieren zu oft nur wie Öl, das ins Feuer gegossen wird.

Weil das Verbalisieren von Zorn auch in Psychologenkreisen so sehr publik gemacht worden ist, möchte ich noch einige Bemerkungen dazu anschließen. Befürworter dieser Position gehen davon aus, dass es in jedem Falle günstig sei, „die Wut aus unserem Bauch herauszubekommen". Dabei übersieht man jedoch leicht die soziale Komponente des Zorns einschließlich seiner Folgen.

Im Folgenden will ich noch kurz auf drei Trugschlüsse eingehen, die heute weit verbreitet sind:

1. Trugschluss: Aggression ist das instinktive „Ventil", die Katharsis für Zorn.
2. Trugschluss: Die Verbalisierung von Zorn führt stets dazu, dass wir unseren Zorn loswerden – oder zumindest nicht mehr so wütend sind.
3. Trugschluss: Wutanfälle und andere kindische Ausdrucksformen von Zorn sind gesund und helfen, Neurosen vorzubeugen.

Ich kann ihre Antworten auf diese drei Thesen im Folgenden nur fragmentarisch wiedergeben. Carol Tavris schreibt hierzu in ihrem Buch *Anger: the misunderstood Emotion:*

1. Wenn Sie Ihren Kindern erlauben, ihre Aggressionen ungezügelt auszuleben, werden sie dadurch, im Gegensatz zu der Theorie von der „Ventilwirkung" nicht weniger wütend; im Gegenteil, sie werden zunehmend wütender ... Verbale Aggression erreicht gewöhnlich nichts anderes, als den anderen zu verärgern und im Extremfall so zu reizen, dass es zu einer tätlichen Auseinandersetzung kommt. Bringt man seinen Zorn und seine Wut auf eine so unerträgliche Art und Weise zum Ausdruck, die eine Beziehung zerstört, sei es in der Ehe oder in einer guten Freundschaft, so können die dadurch auftretenden persönlichen Konflikte wiederum zu emotionalen Problemen führen, die evtl. auch wieder körperliche Krankheiten nach sich ziehen.
2. Man kann Gefühle nicht reduzieren, indem man sie ausspricht; man *übt sie* vielmehr *ein* ... Verbalisieren kann eine feindselige Haltung festigen. Das trifft für Kinder, Teenager und Erwachsene gleichermaßen zu ... Kinder, die man ermutigt hatte, ihrem Zorn über ein anderes Kind mit Worten Luft zu machen, waren später weniger in der Lage, dieses Kind zu lieben, als diejenigen, denen man *nicht gestattet hatte,* ihren Zorn zu verbalisieren!
3. Man kann seine Wut zum Ausdruck bringen, ohne dabei aggressiv zu werden. Viele Eltern ermuti-

gen ihre Kinder jedoch zur Aggression, damit sie ihren Ärger nicht unterdrücken müssen. Gestatten sie ihren Kindern jedoch zu schreien, zu treten, Gegenstände umzustoßen oder damit zu werfen, tragen sie nicht dazu bei, den Zorn des Kindes zu verringern. Sie verstärken seine Aggressivität.

Selbstbeschuldigung

Obgleich die allgemeine Tendenz in unserer Gesellschaft dahin geht, andere für die eigenen Probleme verantwortlich zu machen, gibt es trotzdem noch viele Menschen, die sich Selbstvorwürfe machen, wenn etwas schief gelaufen ist.

Einige von ihnen übermitteln sich selbst negative Botschaften. Je mehr sie das tun, umso mehr neigen sie dazu, das Leben zu ernst und alles zu persönlich zu nehmen. Und es gibt immer wieder Meister auf diesem Gebiet.

Die meisten Menschen, die ihren Zorn verinnerlichen, empfinden weniger Zorn, sie fühlen sich vielmehr „verletzt". Sie finden immer einen Grund, sich für Probleme die Schuld zu geben, und neigen im Allgemeinen sehr zu Schuldgefühlen. Diese Selbstbeschuldigungen können Verzweiflung, Depression sowie ein Gefühl der Hilf- und Hoffnungslosigkeit hervorrufen. Da Depression eine der Hauptursachen von Zorn ist, kann aus dieser Art Selbstbeschuldigung ein zerstörerischer Kreislauf erwachsen.

Meist geraten Menschen, die ihren Zorn gegen sich selbst richten, in diesen verhängnisvollen Kreislauf hinein, wenn sich ihnen z. B. in einer engen Beziehung, im Geschäft oder in finanziellen Angelegenheiten scheinbar unüberwindliche Hindernisse in den Weg stellen. Sie sehen keinen Ausweg mehr.

Die Antwort auf die Frage, weshalb es Menschen gibt, die auf diese Art mit ihrem Ärger umgehen, ist äußerst vielschichtig. Teilweise sind die Ursachen genetisch bedingt – es gibt Menschen, die mehr dazu neigen, Zorn nach innen und gegen sich selbst zu richten. Außerdem werden Kinder oft ungewollt dazu erzogen: Wenn wir sie kritisieren und beschuldigen, entwickeln sie möglicherweise auch die Gewohnheit, ihren Zorn nach innen zu richten. Das trifft insbesondere auf diejenigen zu, die zur Gruppe der 25-Prozentler gehören. Im Gegensatz dazu wird die Reaktion der Kinder, die zur Gruppe der 75-Prozentler zählen, so aussehen, dass sie sich „mit dem Aggressor identifizieren", das heißt, sie werden ihre Eltern nachahmen und jemand anders beschuldigen. Diese Kinder entwickeln möglicherweise die Gewohnheit, Verantwortung für ihr Verhalten abzulehnen und andere zu beschuldigen. Beide Arten des Umgangs mit Zorn sind destruktiv.

Selbstbeschuldigung wird durch passiv-aggressives Verhalten noch verschlimmert. So kann beispielsweise, während sich die Depression vertieft und immer mehr Zorn verursacht, der Wunsch nach Rache wachsen, was am Ende sogar zu Selbstmordgedanken und -versuchen führen kann. Selbstmord stellt den Gipfel passiver Aggression dar: „Es wird dir Leid tun, wenn ich nicht mehr bin!"

Wir dürfen nicht aus den Augen verlieren, dass alle

diese unreifen Ausdrucksformen von Zorn sowohl bei Kindern als auch bei Erwachsenen vorkommen. Die Aufgabe von uns Eltern besteht darin, herauszufinden, wie wir unsere Kinder korrigieren und anleiten können, dass sie ihren Zorn und ihre Wut in den Griff bekommen.

Natürlich gibt es auch noch andere unangemessene und schädliche Ausdrucksformen von Zorn. Die meisten stehen jedoch in Zusammenhang mit den hier erwähnten. Wenn Sie einmal gelernt haben, mit den wichtigsten Formen richtig umzugehen, werden Sie auch andere Verhaltensweisen einzuordnen wissen.

8. Eltern, arbeitet an euch!

Ob es uns gefällt oder nicht, wir als Eltern haben den größten Einfluss auf unsere Kinder – zum Guten oder zum Schlechten –, und am meisten fällt ins Gewicht, wie wir mit unserem Zorn und Ärger umgehen. Das ist ein doppelter Schlag. Unsere Art, mit Zorn umzugehen, wird für sie zum Vorbild und beeinflusst außerdem ihre Entwicklung an vielen entscheidenden Punkten.

Unangemessener Umgang mit Zorn seitens der Eltern verletzt das Selbstwertgefühl unserer Kinder, ihre Identität, ihre gesamte Weltsicht sowie ihre Fähigkeit, Beziehungen zu anderen aufzubauen, mit Stress fertig zu werden und sich überhaupt in ihrer Umgebung zurechtzufinden. In gleicher Weise trägt unser Unvermögen, richtig mit Zorn umzugehen, zur Herausbildung von passiv-aggressivem, rebellischem und selbstzerstörerischem Verhalten bei, das sich, falls es nicht bis zum Ende der Pubertät korrigiert wird, zu einem entscheidenden, fest verankerten Persönlichkeitsmerkmal entwickelt.

Wenn wir Eltern mit unserem Ärger richtig umgehen können, machen wir unseren Kindern eines der größten und wertvollsten Geschenke, die es überhaupt gibt. Dieses Geschenk ist eine lebendige Kraft, die ihnen helfen wird, selbst zu einer Persönlichkeit heranzureifen, der viel von dem Kummer und der Not erspart bleibt, mit denen so viele Erwachsene in unseren Tagen zu kämpfen haben.

Es gehört zu den wunderbarsten Erfahrungen, wenn wir erleben, wie unsere Kinder zu liebevollen, warmherzigen, pflichtbewussten, tatkräftigen und motivierten Erwachsenen heranreifen, die von anderen geliebt und respektiert werden.

Kinder reagieren äußerst sensibel auf elterlichen Zorn. Darum ist es so wichtig, dass Eltern ihren Zorn in den Griff bekommen. Kinder können elterlichen Zorn nicht einfach abschütteln oder auf die leichte Schulter nehmen. Selbst wenn Ihnen der Kragen doch nur selten platzt, machen Kinder bei jedem Mal eine sehr schmerzliche Erfahrung. Auf der anderen Seite verstärkt ein reifer Umgang mit Zorn die Liebe zwischen Eltern und Kindern.

Als Eltern begegnen wir täglich Situationen, in denen wir entscheiden können, wie wir mit unserem Zorn umgehen. Verhalten wir uns reif und angemessen, stärken wir das Band der Liebe zwischen uns und unseren Kindern. Vielleicht spüren wir zunächst überhaupt nichts davon, wie Achtung und Wertschätzung in den Herzen unserer Kinder wachsen, im Verlauf der Jahre werden wir unsere Elternschaft jedoch als immer erfüllender erleben. Laden wir dagegen unsere Wut auf den Schultern unserer Kinder ab, wird das Band der Liebe immer schwächer.

Bevor man Kindern wirklich helfen kann, richtig mit ihrem Zorn und ihrer Wut umzugehen, ist es notwendig, mit einer Bestandsaufnahme bei sich selbst zu beginnen. Darum geht es in diesem Kapitel. Ich rate Ihnen sogar, dieses und das nächste Kapitel abends vor dem Schlafengehen zu lesen. Nachdem Sie diese beiden Kapitel ein paarmal durchgelesen haben, werden Sie in der Lage sein, sie in wenigen Minuten zu überfliegen. Dabei können Sie sich selbst das Versprechen geben, in den nächsten vierundzwanzig Stunden auf reife Art mit Ihrem Zorn und ihrer Wut umgehen zu wollen. Das ist so, als würden Sie jeden Tag Geld auf einer Bank einzahlen, um für sich und Ihre Kinder eine gesicherte Zukunft zu schaffen. Dagegen stellt jeder Tag, an dem wir unseren Zorn nicht beherrschen, einen Verlust für uns und unsere Familie dar.

Zwanzig Fragen

Ich habe zwanzig Fragen für Sie erarbeitet, die zwar nicht so unterhaltsam sind wie in einem Fernsehquiz und deren Beantwortung im Gegenteil gründliches Nachdenken erfordert, aber ich kann Ihnen versprechen, dass Sie viel mehr Gewinn davon haben als bei einem Fernsehquiz.

Nehmen Sie sich bitte einige Augenblicke Zeit zum Nachdenken, wenn Sie beim Durchlesen und Beantworten der Fragen auf Dinge stoßen, wo Sie mit sich selbst nicht so recht zufrieden sind. Wenn Sie beispielsweise erkennen, dass Sie im Allgemeinen Verantwortung für Ihr Verhalten übernehmen, in bestimmten Situationen jedoch ausweichen, sollten Sie darüber nachdenken, warum das so ist.

1. Übernehmen Sie Verantwortung für Ihr Verhalten?
2. Halten Sie Ihre Versprechen?

3. Sind Sie im Großen und Ganzen mit sich selbst zufrieden? Oder sind Sie eher unzufrieden?
4. Sind Sie gewöhnlich optimistisch? Oder sind Sie pessimistisch?
5. Kämpfen Sie immer noch mit bestimmten Verhaltensweisen oder Erlebnissen aus Ihrer Kindheit oder den Teenagerjahren?
6. Verspüren Sie oft Zorn, den Sie nicht unter die Füße bekommen?
7. Sind Sie zufrieden mit dem, was aus Ihnen geworden ist? Haben Sie Pläne für Ihr weiteres Wachsen und Reifen?
8. Stellt der Gedanke, sich selbst besser kennen zu lernen, für Sie eher ein interessantes Abenteuer oder eine gefährliche Bedrohung dar?
9. Behandeln Sie jedes Mitglied Ihrer Familie gerecht und mit der nötigen Achtung?
10. Behandeln Sie die Menschen, die Ihnen im Beruf oder in der Gemeinde unterstellt sind, gerecht und mit der nötigen Achtung?
11. Beschweren Sie sich oft über Ihre Vorgesetzten im Beruf oder in der Gemeinde?
12. Arbeiten Sie pflichtbewusst und ehrlich für Ihren Lohn?
13. Beschweren Sie sich oft über Ihren Ehegatten?
14. Sind Sie sich der Gegenwart Gottes in Ihrem persönlichen Leben sowie in Ihrer Ehe und Familie bewusst? Ist sie Ihnen wichtig?
15. Arbeiten Sie ständig bewusst daran, Ihre Kinder auf allen Gebieten, einschließlich des geistlichen Lebens, zu erziehen? Sind in diese Erziehungspläne auch andere Menschen aus Ihrem

Verwandtenkreis, der Gemeinde, dem Wohnort mit einbezogen?

16. Möchten Sie, dass Ihre Kinder sich charakterlich an Ihnen orientieren?
17. Wie verhalten Sie sich bei Problemen? Ignorieren Sie sie im Allgemeinen oder denken Sie darüber nach und beten Sie darum, wie Sie sich am besten verhalten und die anstehenden Probleme lösen können?
18. Sind Sie offen für neue Ideen und Wege? Oder empfinden Sie Veränderungen als Bedrohung?
19. Gibt es Menschen, die Sie um Vergebung bitten sollten?
20. Gibt es Dinge, die Sie wieder gutmachen sollten?

Falls Sie bei einigen dieser Fragen Probleme haben, ist das in Ordnung, solange Sie sich Ihre Schwierigkeiten eingestehen und gewillt sind, daran zu arbeiten, eine reifere Persönlichkeit zu werden. Vielleicht ist es hilfreich, wenn Sie sich aufschreiben, auf welchen Gebieten Sie Probleme haben, und sich dann Zeit nehmen, darüber nachzudenken, was Sie tun müssen, um zu wachsen oder Dinge zu ändern. Beten Sie darüber, vielleicht auch mit Ihrem Ehegatten oder einem guten Freund, und vertrauen Sie darauf, dass Gott Ihnen helfen wird in Ihrem Bestreben, sich immer mehr zu dem Menschen gestalten zu lassen, wie er Sie haben möchte.

Verantwortung für den eigenen Zorn übernehmen

In den Kapiteln sechs und sieben haben wir darüber gesprochen, wie wir unseren Ärger nicht zum Ausdruck bringen sollten. Jetzt wollen wir uns anschauen, wie wir richtig damit umgehen sollten.

Der erste Schritt besteht in unserer Bereitschaft, Verantwortung für unsere Wut zu übernehmen. Das ist schwierig, gerade weil es so leicht ist, jemand anders dafür verantwortlich zu machen, dass uns der Kragen geplatzt ist oder dass wir uns im Zorn zu etwas haben hinreißen lassen, was uns nun Leid tut. Leider gebrauchen die meisten Menschen ihren Zorn als Entschuldigung für alles, was sie rechtfertigen möchten, sei es ihr Handeln oder ihr Verhalten. Tatsächlich suchen die meisten Menschen bewusst oder unbewusst nach Gründen, ärgerlich zu werden, um ihr Versagen rechtfertigen zu können!

Im Laufe der Jahre habe ich Arbeitnehmer kennen gelernt, die ihren Arbeitgebern unheimlich geschadet haben, obwohl sie von ihnen gerecht behandelt wurden. Stets nahmen die Arbeitnehmer irgendeinen banalen Zwischenfall, der nichts mit dem eigentlichen Problem zu tun hatte, zum Anlass, ihren Zorn zu rechtfertigen, um diesen Zorn dann als Entschuldigung für ihr verantwortungsloses Handeln vorzubringen.

Um Verantwortung für unseren Zorn übernehmen zu können, müssen wir ihn zunächst erkennen. Vielen Menschen ist es nicht einmal bewusst, wenn sie zornig sind. Ein Grund dafür besteht darin, dass sie vielleicht eifersüchtig, frustriert oder verletzt sind und nicht wissen, dass diese Gefühle sie zornig und ärgerlich machen.

Wenngleich sich diese Erwachsenen auch ihres Zorns nicht bewusst sind, ihre Kinder werden ihn ganz gewiss spüren. Kinder empfinden weniger Respekt für ihre Eltern, wenn diese es ablehnen, Verantwortung für ihren Zorn zu übernehmen. Erkennen Eltern jedoch, wenn sie zornig sind, können sie ihren Zorn auch beim Namen nennen und ihn eingestehen. Nur so sind sie auch in der Lage, Verantwortung für ihren Zorn zu übernehmen.

Niemand außer *Ihnen* kann die Verantwortung für Ihren Zorn übernehmen. Wenn Sie einem anderen Menschen die Schuld an Ihrem Zorn geben, gestehen Sie ihm gleichzeitig die Macht zu, Sie aus der Fassung zu bringen. *Sie allein* sind für Ihren Zorn verantwortlich und auch dafür, wie Sie damit umgehen.

Ein Kind für den eigenen Zorn verantwortlich zu machen, ist unentschuldbar und außerdem gefährlich, weil man dem Kind die Schuld für etwas gibt, dessen Ursachen in Umständen begründet liegen, die mit dem Kind überhaupt nichts zu tun haben. Sie hatten beispielsweise beruflich eine unliebsame Auseinandersetzung, die Sie nicht beilegen konnten, sondern einfach „vergessen" haben. Sie kommen nach Hause und das Verhalten Ihres Kindes reizt Sie. Wenn Sie nun Ihrem Kind die Schuld an Ihrem Zorn geben, werden Sie es womöglich auch für die vorangegangene Auseinandersetzung an der Arbeit verantwortlich machen. Damit stehen Sie in der Gefahr, Ihren aufgestauten Ärger auf Ihr Kind abzuladen. Das wird zweifellos tragische Folgen haben, besonders, wenn Sie Ihr Kind über einen längeren Zeitraum als „Müllkippe" für Ihren aufgestauten Zorn benutzen.

Mit Zorn richtig umgehen

Weil wir alle jeden Tag zornig werden, müssen wir wissen, wie wir unseren Zorn und unsere Wut beherrschen können, ohne von ihm beherrscht zu werden.

- Weil wir nicht gerade stolz auf uns sind, wenn wir die Beherrschung verlieren, neigen wir leicht dazu, das Geschehene „vergessen" zu wollen. Es ist jedoch wichtig, unsere Wut zu erkennen und uns damit auseinanderzusetzen. Sie müssen sich vor Augen halten, wie Sie sich verhalten haben, sonst werden Sie Ihren Ärger und Ihre Wut womöglich auf einen anderen Menschen abladen oder ihn verdrängen, was schließlich zu passiver Aggression führt.

  Ich rate Ihnen, über Ihre Fortschritte im Umgang mit Ihrem Zorn Buch zu führen. Wenn Sie z. B. von Ihrem Chef oder sonst irgendjemandem unfair behandelt werden und Sie sich verletzt (zornig) fühlen, werden Sie möglicherweise nicht in der Lage sein, sich dem Zorn und dem Verletztsein sofort zu stellen oder sich damit auseinanderzusetzen. Sie können sich jedoch den Zwischenfall notieren und später ergänzen, wie Sie das Problem gelöst haben. Aber wie löst man nun das Problem? Denken Sie stets daran, dass Sie mit Ihrem Zorn am besten umgehen, wenn Sie ihn verbal in angemessener, angenehmer Art direkt dem Menschen gegenüber zum Ausdruck bringen, über den Sie ärgerlich sind. Wenn möglich, sollte man stets versuchen, Versöhnung und besseres Verstehen zwischen den Betroffenen anzustreben.

Wenn Sie mit Ihrem Vorgesetzten ein Problem haben und wenn es angemessen ist, sich mit dem Betreffenden auseinanderzusetzen, dann sollten Sie das in einem ruhigen, beherrschten Ton tun. Sie werden Ihre Bedenken zum Ausdruck bringen und sich dann die Antwort anhören.

Es ist großartig, wenn Sie gemeinsam eine Lösung finden können! Verzweifeln Sie jedoch nicht, wenn die Antwort nicht so ausfällt wie erwartet und Sie das Problem nicht lösen können. Hüten Sie sich ebenso davor, im Zorn Ihren Chef verbal zu attackieren! Gehen Sie zu einem Freund, zu Ihrem Ehepartner oder einer anderen Vertrauensperson, der Sie Ihre Gefühle *mitteilen* können, anstatt Ihrer Wut mit Worten Luft zu machen. Denken Sie daran, dass zorniges Reden den Zorn noch verstärkt. Wenn Sie jedoch auf der anderen Seite Ihren Ärger in sich aufstauen, verdrängen Sie ihn nur. Sich einer Vertrauensperson zu öffnen, kann Sie aber weiterbringen. Für manche ist es auch hilfreich, ihre Gefühle aufzuschreiben. Manchmal empfehle ich in der Beratung den Betreffenden auch, der Person, über die sie ärgerlich sind, einen Brief zu schreiben. Solche Briefe sollte man jedoch nicht übereilt abschicken. Gewöhnlich ist es besser, den Brief zu vernichten, sobald man sich wieder beruhigt hat.

- Ich möchte Ihnen einige Vorschläge unterbreiten,

die Ihnen helfen sollen, weniger anfällig für Zornesattacken zu werden. Je besser Sie körperlich, emotional und geistlich in Form sind, umso leichter wird es Ihnen fallen, mit Ihrer Wut richtig umzugehen. Jeder weiß, dass unser Körper eine gesunde und ausgewogene Ernährung benötigt. Hie-rüber wird so oft berichtet, dass ich kaum noch etwas hinzufügen muss. Erwähnen möchte ich jedoch, dass eine kleinere, weniger bekannte Studie gezeigt hat, dass zu wenig Fett in der täglichen Nahrung manche Menschen gereizt und ängstlich machen kann. Unser Körper braucht einen entsprechenden Anteil an Fett in der Nahrung, um gesund zu bleiben. In meiner Arbeit mit verhaltensgestörten Menschen beobachte ich eine zunehmende Tendenz zu einer falschen Ernährungsweise. Es wird allgemein empfohlen, dass Fett 30 % der von uns täglich benötigten Kalorienmenge ausmachen sollte.

Dabei werden wir natürlich auch an das andere Extrem erinnert, wodurch viele Amerikaner in zunehmendem Maße übergewichtig werden.

Um ausgeglichen zu sein, ist geistliche Gesundheit ebenso wichtig wie eine ausgewogene Ernährung und körperliche Fitness. Das weiß ich nur zu gut aus eigener Erfahrung. Wir alle brauchen regelmäßig Zeit, um zu beten, unsere Sünden zu bekennen, um in der Bibel zu lesen und mit anderen Christen Gemeinschaft zu pflegen und gemeinsam Gottesdienst zu feiern.

- Depressionen sind eine weit verbreitete Ursache für Zorn. Dies ist ein gefährlicher Teufelskreis, weil depressive Menschen zunehmend Probleme haben, ihren Zorn zu beherrschen. Falls Sie den Eindruck haben, dass Depression in Ihren Gefühlen und Ihrem Verhalten eine Rolle spielt, sollten Sie unbedingt Hilfe suchen. Kinder reagieren in der Tat sehr empfindlich auf elterliche Depression. Außerdem kann Depression der Eltern eine Vielzahl von Problemen verursachen, sowohl für die Eltern-Kind-Beziehung als auch für die Entwicklung des Kindes. Depressives Verhalten der Eltern kann Schuldgefühle bei Kindern verursachen, besonders, wenn sie zur Gruppe der 25-Prozentler gehören, die dazu neigen, ihren Zorn nach innen zu richten. Das erschwert es den Eltern, Grenzen zu setzen und durchzusetzen.

Was können wir tun, wenn wir zornig werden?

Wie sollten Sie reagieren, wenn Sie mit Ihrem Kind zusammen sind und es passiert etwas, das Sie zornig macht? Solange sich Ihr Verhalten innerhalb der folgenden drei Worte bewegt, ist alles in Ordnung: BESTIMMT, ABER FREUNDLICH.

Vergessen Sie nicht, dass Kinder für jegliche Art von Zorn oder Gereiztheit bei ihren Eltern sehr empfänglich sind und dass sie Angst davor haben, dieser Ärger könnte auf sie abgeladen werden. Ihre Kinder spüren, wenn Sie zornig sind, und sie sind zutiefst erleichtert und dankbar, wenn Sie trotzdem freundlich bleiben.

Wir sind jedoch alle nur Menschen, und zuweilen passiert es, dass wir die Fassung verlieren und unseren Zorn auf unsere Kinder abladen. Was ist jetzt zu tun? In solchen Situationen greife ich auf Selbstgespräche zurück. Ich sage mir dann etwa folgendes: „Du bist dabei, die Fassung zu verlieren, Campbell. Mach dich nicht selbst zum Narren, indem du etwas sagst, wofür du dich später entschuldigen musst. Beruhig dich!“ Das funktioniert meistens. Manchmal sage ich mir auch: „Wenn du nicht möchtest, dass deine Kinder passiv-aggressiv reagieren und sich zu verantwortungslosen Erwachsenen entwickeln, dann solltest du dich lieber zügeln!“

Wenn Selbstgespräche mich nicht beruhigen, versuche ich, mich sofort zurückzuziehen. Eine Taktik, die mich noch nie im Stich gelassen hat, ist, zu sagen: „Ich muss auf Toilette. Ich komme wieder.“ Und dann gehe ich schnurstracks ins Badezimmer. Meine Kinder sind mir nie dorthin gefolgt, obgleich ich von Freunden weiß, dass kleinere Kinder oft mit ins Badezimmer wollen.

Sobald ich allein bin, denke ich über die Situation nach – wie und warum ich so ärgerlich geworden bin und wie ich daraus eine positive Erfahrung machen kann, aus der alle – ich selbst eingeschlossen – etwas lernen können. Für mich ist es stets hilfreich, an eine lustige Episode mit dem Kind zu denken, über das ich im Augenblick wütend bin. Das beruhigt mich nicht nur, sondern weckt auch positive Gefühle für dieses Kind. Ich nehme mir also Zeit, um Abstand zu gewinnen und mich zu beruhigen. Später spreche ich mit meiner Frau und lasse mir ihre Sicht darlegen. Das hilft mir gewöhnlich, ähnliche Situationen beim nächsten Mal besser zu meistern.

Wenn Sie über ein Kind zornig geworden sind und in der angespannten Situation etwas gesagt oder getan haben, was Sie bedauern, dann haben Sie eine ausgezeichnete Gelegenheit, Schlechtes zum Guten zu wenden. Es ist etwas Wunderbares, sein Kind um Verzeihung zu bitten. Dabei lernt Ihr Kind zu vergeben – nicht nur Ihnen, sondern auch sich selbst. An Ihrem Beispiel lernt Ihr Kind, wie es aussieht, Vergebung zu empfangen. Es gibt so viele unglückliche Menschen auf dieser Welt, die weder sich selbst noch anderen vergeben können. Was für eine wunderbare Lektion für Sie und Ihr Kind!

Unter weisen Ratschlägen findet man nur wenige echte Juwelen; hier ist jedoch einer, den ich vor vielen Jahren von einem alten Professor gelernt habe: „Wahre Vertrautheit entsteht, wenn man Konflikte gelöst hat." Das trifft auf die Eltern-Kind-Beziehung ebenso zu wie auf die Ehe. Dieses kostbare Juwel hat mir die Angst vor Konflikten innerhalb meiner Familie genommen. Die Erwartung gewachsener Vertrautheit nach gelösten Konflikten ist beinahe „eine Art Vorfreude" geworden.

Entsteht in unserer Familie ein Konflikt, dann betrachte ich ihn als Gelegenheit, uns enger zusammenzuschließen. Um jedoch den Konflikt lösen zu können, muss ich zunächst in der Lage sein, angemessen mit meinem Zorn umzugehen. Bin ich imstande, meinen Zorn sachlich und freundlich mit Worten zum Ausdruck zu bringen und den Konflikt zu lösen, dann werde ich es erleben, wie unsere Beziehungen zueinander wachsen und gedeihen.

Wenn die Mutter zur Zielscheibe kindlichen Zorns wird

Nehmen wir an, Sie haben Ihr Bestes gegeben, um in Ihrer Familie eine liebevolle, entspannte Atmosphäre für Ihre heranwachsenden Kinder zu schaffen. Ebenso entwickelt sich Ihre Beziehung zum Ehegatten in Richtung wachsender Akzeptanz, Vergebungsbereitschaft und gegenseitiger Unterstützung.

Auch in einer solchen Familie, und vielleicht ganz besonders in solchen Familien, kann eine bestimmte kindliche Verhaltensweise Anlass zu großer Sorge für die Mutter werden. Kinder neigen oft dazu, ihre Wut vorzugsweise gegenüber einem Elternteil zum Ausdruck zu bringen, und gewöhnlich wählen sie die Mutter als Zielscheibe ihres Zorns. Ich habe mit vielen wunderbaren Müttern gesprochen, die sich selbst als „schlechte" Mütter betrachten. Das kann zu Schuldgefühlen und Depressionen führen. Und trotzdem ist in den meisten Fällen das Verhalten der Kinder nicht nur als normal einzuschätzen, sondern ist ein Indikator dafür, dass die Mutter ihre Aufgabe ausgezeichnet erfüllt.

In der Mehrzahl der Fälle ist die Mutter der einzige Mensch auf dieser Welt, von dem sich ein Kind so geliebt fühlt, dass es den Mut hat, auch negative Gefühle zu äußern. Das Kind weiß, dass seine Mutter es immer lieben und niemals verstoßen wird, ganz gleich, wie es sich benimmt oder was es sagt. Mütter müssen begreifen, dass sich dahinter ein wunderbares Gefühl der Geborgenheit verbirgt, was jedoch nicht bedeutet, dass Mütter unangemessene Zornesäußerungen dulden sollten, ohne etwas dagegen zu unternehmen.

Das Vertrauen des Kindes in die Liebe der Mutter bildet vielmehr die Grundlage für die Erziehung, auch auf diesem Gebiet. Solange das Kind seinen Zorn der Mutter gegenüber verbal äußert, haben sie und der Vater Gelegenheit, das Kind zu lehren, dies auf angemessene Weise zu tun.

Wäre das Kind nicht in der Lage, seinen Zorn mit Worten zu äußern, hätten die Eltern nicht die Möglichkeit, es zu einer reiferen Ausdrucksweise anzuleiten. Denken Sie daran, dass Kinder ihren Zorn irgendwie zum Ausdruck bringen müssen. Wir möchten, dass sie dies mit Worten tun, und meistens äußern sie sich der Mutter gegenüber. Dass dies so ist, bedeutet nicht, dass sie irgendetwas falsch gemacht hat oder der Vater der bessere Elternteil ist.

In Familien mit nur einem Elternteil, und besonders dort, wo die Mutter das Sorgerecht hat, wird sich der Zorn noch mehr gegen die Mutter richten. In diesen Fällen kommt zu den oben genannten Gründen noch die Tatsache dazu, dass Alleinerziehende auch noch öfter mit dem Kind zusammen sind. Dies ist übrigens ein Beispiel dafür, wie passiv-aggressives Verhalten sein hässliches Gesicht zu zeigen beginnt und eine bereits schwierige Situation noch weiter erschwert. Das Kind ist zornig über die Scheidung, richtet seinen Zorn jedoch gegen die Mutter.

Wenn ein Kind, und besonders ein Teenager, häufiger mit dem einen Elternteil zusammen ist, wird es auch seinen Zorn mehr gegenüber diesem Elternteil äußern. Weil der andere Elternteil, der nicht das Sorgerecht besitzt, viel weniger Zeit mit dem Kind verbringt und deshalb auch wesentlich weniger an der Erziehung und bei Konfliktsituationen beteiligt ist, wird er auch weniger von dem Zorn seines Kindes zu spüren bekommen. Das mag den Anschein erwecken, dass sich das Kind diesem Elternteil gegenüber, und gewöhnlich ist dies der Vater, besser benimmt, was dann noch in die Richtung missgedeutet werden kann, dass letzterer der „bessere Elternteil" sei. Das erschwert natürlich die Aufgabe der Mutter noch zusätzlich. Ich habe es oft erlebt, dass dies vor Gericht gegen das Elternteil verwendet wurde, welches das Sorgerecht innehatte.

Für eine allein erziehende Mutter ist es äußerst wichtig, die eben beschriebenen Zusammenhänge zu verstehen, damit sie den Mut und die Hoffnung nicht verliert und sich nicht falschen Schuldgefühlen hingibt. Sie sollte nie vergessen, dass sie, während sie ungerechterweise scheinbar einige Nachteile zu ertragen hat – was in der Tat teilweise zutrifft –, auf lange Sicht die tiefste Achtung und Liebe von ihrem Kind erfahren wird, wenn sie es versteht, mit ihrem Zorn und dem Zorn ihres Kindes richtig umzugehen.

9. Kinder prägen

Da in unserer Gesellschaft der geistliche und moralische Werteverfall immer weiter voranschreitet, können verantwortungsbewusste Eltern die ethische Erziehung ihrer Kinder nicht anderen überlassen. Wir können heutzutage in Bezug auf schulische, kirchliche und andere Einrichtungen nicht mehr auf einen Wertekonsens zurückgreifen, der früher als selbstverständlich galt, womit ich jedoch nicht sagen will, dass es keine positiven Einflüsse gäbe. Ich möchte vielmehr auf die alarmierende Verunsicherung in Bezug auf Gut und Böse in allen Bereichen unserer Gesellschaft hinweisen. Für Eltern besteht heute die Hauptaufgabe darin, der allgemeinen Entwicklung in unserer Gesellschaft entgegenzuwirken. Das bedeutet, dass wir als Eltern für die gesamte Bildung und Erziehung unserer Kinder Verantwortung übernehmen müssen.

Eine unserer wichtigsten Aufgaben als Eltern besteht darin, unsere Kinder zu lehren, *vernünftig* zu denken. Weil von außen so viele starke Einflüsse auf unsere Kinder einwirken, die sie in Richtungen drängen wollen, die nicht gut für sie sind, müssen sie zu dem Zeitpunkt, da sie erwachsen werden, die Dinge selbst einschätzen und beurteilen können.

Mir sind zu viele liebe Eltern begegnet, die schmerzlich gelitten haben, als sich ihnen der moralische Zustand ihrer Kinder offenbarte. Ihre Umgebung hatte diesen Teenagern raffiniert beigebracht, ihr Verhalten zu begründen. So waren sie in der Lage, zerstörerisches Verhalten wie illegalen Alkohol- und Drogenkonsum sowie vorehelichen Geschlechtsverkehr zu rechtfertigen.

Zwei Faktoren haben diesen Einflüssen Tür und Tor geöffnet – passiv-aggressiv ausgedrückter Zorn und mangelnde elterliche Anleitung. Manche Eltern sind der Meinung, ihre Kinder seien aufgrund der Informationen, die sie in der Schule erhalten, automatisch in der Lage, vernünftig zu denken und somit überlegt zu handeln. Mit Fakten gefüttert zu werden macht jedoch allein nicht klug.

Eltern müssen ihre Kinder bewusst anleiten, wie man vernünftig denkt und richtig argumentiert. Dabei werden gleichzeitig Wege aufgezeigt, mit Zorn angemessen umzugehen. Dies ist durchaus nicht leicht, denn in unserer Gesellschaft gibt es immer weniger Vorbilder, an denen sich unsere Kinder orientieren können.

Gemeinsam lesen

Eine der angenehmsten und wertvollsten Möglichkeiten, Ihre Kinder zu vernünftigem Denken anzuleiten, bietet das gemeinsame Lesen, und zwar von klein auf.

Wählen Sie Geschichten, Lieder und Gedichte aus, die für das jeweilige Alter Ihrer Kinder geeignet sind und ihnen Freude bereiten, damit daraus eine Zeit wird, die man gemeinsam genießt und die Sie als Familie zusammenschweißt. In vielen Geschichten werden wertvolle ethische Maßstäbe weitergegeben, wie z. B. in *Pinocchio,* und gewiss möchten Sie auch biblische Geschichten, für das jeweilige Alter verständlich dargestellt, vorlesen.

Dabei ist es wichtig, zwischen guten und weniger wertvollen Kinderbüchern zu unterscheiden. Ein gutes Buch vermittelt echte ethische Werte – nicht billige Sentimentalität anhand seichter Geschichten und oberflächlicher Helden, sondern eine Kraft, die den Leser im tiefsten Inneren inspiriert und positive Bilder weckt.

Achten Sie beim Vorlesen auf die Reaktionen Ihres Kindes. Wenn Sie merken, dass das Kind von einer Geschichte angesprochen wird, sollten Sie es nach seinen Gedanken fragen, denn dort, wo ein Kind echt interessiert ist, kommt man am besten ins Gespräch. Wenn Sie Ihrer Tochter zum Beispiel von einem kleinen Mädchen vorlesen, das sich verlaufen hat, und Ihre Tochter bringt ihre Sorge um das Mädchen zum Ausdruck, bietet sich eine wunderbare Gelegenheit, ihr zu sagen, wie schön es ist, liebevolle Anteilnahme zu zeigen.

Gemeinsames Lesen ist besonders wertvoll, um Kindern zu zeigen, wie man mit *Beschuldigungen und Kritik* umgeht – sowohl wenn sie gegen sie selbst als auch gegen andere gerichtet ist. Anderen die Schuld zuzuweisen, ist für Kinder typisch: „Das ist unfair! Er hat angefangen!“ In solchen Situationen kann Wut das Kind daran hindern, klar zu denken. Sowohl Kinder als auch unreife Erwachsene meinen, sie hätten, nur weil sie wütend sind, das Recht, andere zu beschuldigen. Geschichten bieten eine hervorragende

Gelegenheit, Kindern zu zeigen, wie man in solchen Situationen nüchtern denkt.

Wenn ein Kind ruhig und aufnahmefähig ist, haben Eltern die Möglichkeit, die Situation noch einmal ausführlich von allen Seiten zu beleuchten. Dabei lehren sie das Kind, die Situation mit den Augen des anderen Partners zu sehen. Eltern sollten jedoch nicht vergessen, dass es Jahre braucht, ehe man mit Beschuldigungen und Kritik richtig umzugehen versteht. Je mehr ein Kind auf diesem Gebiet reift, umso mehr wird es Verantwortung für sein eigenes Verhalten übernehmen.

Ein anderer wichtiger Punkt ist, durch gemeinsames Lesen den Horizont unserer Kinder zu erweitern, so dass sie die Welt auch von anderen Seiten und aus der Sicht anderer sehen lernen. Das bedeutet, dass Sie eine wertvolle, weil seltene Möglichkeit haben, Ihr Kind zu Mitgefühl und Einfühlungsvermögen anzuleiten – zwei Eigenschaften, die heutzutage sehr selten sind.

Einfühlungsvermögen bedeutet, eine Situation aus der Sicht eines anderen zu betrachten und zu beurteilen. *Mitgefühl* bedeutet, die Gefühle eines anderen zu verstehen, was jedoch nicht bedeutet, dass man mit dem anderen einer Meinung sein oder seine Gefühle teilen muss. Indem ein Kind lernt, die Situation eines anderen und seine Gefühle zu verstehen, wird es gerechter in seinem Urteil und immer besser in der Lage sein, andere zu ermutigen und zu trösten.

Ich war stolz auf meine sechsjährige Enkeltochter Cami. In ihrer Klasse war ein bedauernswertes Mädchen, das von fast allen Kindern verachtet und abgelehnt wurde. Cami verstand offenbar den Schmerz dieses Mädchens und gab sich viel Mühe, ihre Freundin zu werden.

Auf emotionalem Gebiet sind Sie der Lehrer Ihres Kindes, und wenn Sie gemeinsam lesen, werden Ihnen Geschichten über Liebe und Hass, Freude und Trauer, Schuld und Mitgefühl und vieles andere mehr begegnen. Hier bietet sich eine natürliche Gelegenheit, sich mit den Gefühlen anderer zu identifizieren und sowohl als Eltern darüber zu sprechen, als auch unsere Kinder zu ermutigen, das auszusprechen, was sie beim Lesen empfinden.

Und vergessen Sie nicht, wie wichtig es ist und wie viel Freude es bereitet, sich selbst Geschichten für seine Kinder auszudenken. Bei uns gab es Zeiten, in denen unsere Kinder nur meine Geschichten liebten, und wieder andere, wo sie es vorzogen, dass wir ihnen aus Büchern vorlasen.

Achten Sie also bitte darauf, was Ihre Kinder gerade brauchen und sich wünschen.

Zusammen sprechen

Es ist außerordentlich wichtig, dass Sie sich Zeit nehmen, um mit Ihrem Kind über Schwierigkeiten zu sprechen, mit denen es sich möglicherweise auseinanderzusetzen hat. Die Zeit des gemeinsamen Lesens könnte Gelegenheit dazu bieten, aber meist geschieht das zu einem Zeitpunkt, da Sie es am wenigsten erwarten. Sie hoffen, durch Gespräche herauszufinden, wie Ihr Kind mit Schwierigkeiten zurechtkommt. Wenn Sie erst einmal wissen, wo sich Ihr

Kind befindet, werden Sie ihm helfen können, der Realität altersgemäß zu begegnen. Ihr Ziel muss es sein, Ihr Kind anzuleiten, Schwierigkeiten optimistisch gegenüberzutreten und sich zu einem lebensfrohen Menschen voller Hoffnung zu entwickeln.

Menschen, die eher zum Pessimismus neigen, reagieren innerlich völlig anders als optimistisch eingestellte Menschen. Untersuchungen haben ergeben, dass es zwischen den beiden Typen drei entscheidende Unterschiede gibt:

Pessimisten neigen dazu, ein Problem oder Missgeschick als permanent zu betrachten – als würden die Auswirkungen für immer andauern. Zweitens sehen Pessimisten ein Problem als *alles* durchdringend an – als würde es ihr gesamtes Leben ruinieren. Und drittens neigen Pessimisten dazu, *sich selbst die Schuld für das Problem zuzuschreiben,* was zu Schuldgefühlen und Depression führt.

Optimisten tun genau das Gegenteil. Sie betrachten Schwierigkeiten eher als *zeitlich begrenzt* oder sind imstande, sie einfach abzustreifen und sich keine Sorgen darum zu machen. Zweitens sehen sie das Problem als eingegrenzt und nur einen Teil ihres Lebens betreffend. Weil sie nicht ständig um das Problem kreisen, bleiben sie offen für positive Gedanken. Optimisten neigen drittens dazu, *bei anderen die Schuld für ihre Probleme zu suchen.*

Natürlich gibt es keine Reaktion, die stets richtig wäre, und wir dürfen diese Untersuchungsergebnisse ebenso wenig als „unfehlbares Patentrezept" betrachten. Für mich haben sie sich jedoch als hilfreich erwiesen, sowohl um mein eigenes Denken und meine emotionalen Reaktionen im Auge zu behalten, als auch um meine Kinder zu unterweisen.

Stellen Sie sich vor, Ihre Tochter interessiert sich für eine bestimmte Sportart, schafft es jedoch nicht, in die Mannschaft aufgenommen zu werden. Sie kommt furchtbar schlecht gelaunt nach Hause, schmollt und ist gereizt. Sie möchten, dass sie ihren Ärger mit Worten zum Ausdruck bringt, nicht wahr? Ja, und Sie sind ebenso darauf vorbereitet, dass das unangenehm werden kann. Sie bleiben angesichts dessen, was Sie von ihr zu erwarten haben, gefasst und zeigen Ihr so durch Ihr Vorbild, wie man seinen Ärger und seine Wut beherrschen kann.

Wenn Sie dann, wenn Ihre Tochter wütend ist, richtig mit ihr umgehen, wird sie später von Ihnen wissen wollen, wie sie am besten mit dieser und anderen Enttäuschungen fertig werden kann. Ist sie noch in dem Alter, wo sie gern Geschichten hört, könnten Sie ihr eine Geschichte vorlesen, in der jemand eine große Enttäuschung erlebt hat. Dies könnte sie trösten und ihr auch zeigen, wie man solche Probleme verarbeitet. Anschließend könnten Sie mit Ihrer Tochter über deren Enttäuschung sprechen und gemeinsam Wege finden, die ihr weiterhelfen. Welch kostbare Gelegenheit, Ihre Tochter zu einem Menschen zu erziehen, der nicht so schnell die Hoffnung aufgibt! Natürlich werden Sie bei solchen Gesprächen auch von Ihrem Glauben reden.

Je älter unsere Kinder werden, umso spezifischer kann man mit ihnen über die verschiedenen Gefühle sprechen, die in ihren Reaktionen zum Ausdruck kommen, wie z. B. Schmerz, Enttäuschung, Zorn,

Wut, Entmutigung, Hass usw. Damit helfen wir ihnen gleichzeitig, ihre Gefühle mit Worten anstatt durch ihr Verhalten auszudrücken, wobei das Ziel gleichzeitig immer darin besteht, sie zu einer angemessenen, angenehmen Ausdrucksweise zu führen.

Solche Situationen bieten gleichzeitig Gelegenheit, unseren Kindern zu helfen, mit Schuldgefühlen fertig zu werden. Wenn Ihre Tochter zur so genannten Gruppe der 25-Prozentler gehört, ist sie vielleicht mit sich selbst unzufrieden und macht sich Vorwürfe. Gehört sie jedoch zur Gruppe der 75-Prozentler, wird sie dagegen eher dazu neigen, jemanden oder etwas anderes zu beschuldigen. Es ist sehr wichtig, dass Kinder lernen, ob Vorwürfe berechtigt sind und gegen wen sie sich richten sollten. Viel zu oft sind Beschuldigungen destruktiver Natur. In unserem Beispiel muss Ihre Tochter lernen, dass niemanden irgendwelche Schuld trifft. Sich für ein Team zu bewerben, schließt stets ein Risiko ein, und Sie werden stolz auf sie sein, dass sie diesen Versuch unternommen hat. Schon der Versuch allein ist eine Leistung und der Anerkennung wert.

Selbst wenn Ihre Tochter keine sichtbare Reaktion auf Ihre Ermutigung zeigt, darf ich Ihnen versichern, dass dieser Zuspruch sich positiv auf ihr gesamtes Leben auswirken wird. Sie wird es nie vergessen und wird Ihnen stets für Ihre Liebe und Anteilnahme dankbar sein.

Kinder brauchen, auch wenn sie langsam erwachsen werden, immer noch Ihre Unterstützung und Aufmerksamkeit. Sie sollten sich bewusst Zeit für sie nehmen und besonders auch solche Zeiten einplanen, in denen sowohl Sie als Eltern als auch Ihr Teenager nicht unter Druck sind. Solche entspannten Situationen entstehen am ehesten dann, wenn weder die Eltern noch das Kind den Eindruck haben, etwas sagen oder tun zu müssen. Das kann beispielsweise der Fall sein, wenn Sie gemeinsam in einer langen Schlange oder in einem Restaurant auf Ihr Essen warten müssen oder auch, wenn Sie gemeinsam Auto fahren. Bei solchen Gelegenheiten ist es für Teenager relativ einfach, sich zu entspannen, sie selbst zu sein und den Eltern ihre Gefühle, Hoffnungen und Gedanken mitzuteilen.

Um solche Augenblicke wirklich zu nutzen, brauchen Sie Geduld. Denken Sie auch stets daran, dass Teenager keine „kleinen Erwachsenen" sind. Sie sind Kinder, die sich in der Übergangsphase zum Erwachsenwerden befinden und deshalb auch noch die gleichen Bedürfnisse haben wie Kinder.

Natürlich ist das wichtigste Bedürfnis aller Kinder bedingungslose Liebe. Sie brauchen jedoch ebenso Hilfe, ihre Gefühle zu identifizieren und einzuordnen, besonders deshalb, weil Kinder oft mit Zorn reagieren, wenn sie eigentlich etwas anderes empfinden wie z. B. Ablehnung, Stress, Einsamkeit, Unzulänglichkeit oder Schwäche. Wenn Teenager bereits schlecht gelaunt sind, sind zornige Eltern das Letzte, was sie brauchen. Trotzdem kann der Wutanfall des Kindes die Eltern verwirren und in die falsche Richtung lenken. Je schneller das Kind also lernt, zwischen Wut und anderen Gefühlen zu unterscheiden, umso schneller wird es in der Lage sein, genauer und angemessener das auszudrücken, was es wirklich fühlt.

Eine andere Methode, die sich zuweilen als sehr hilfreich erweisen kann, bezeichne ich gern als *Voraussagen.* Weil es immer wiederkehrende Probleme gibt, die Kinder in den verschiedenen Entwicklungsphasen grundsätzlich zum Zorn reizen, ist es möglich, dass Sie Ihre Kinder darauf vorbereiten, mit solchen Situationen fertig zu werden. So ist es beispielsweise für Schulkinder ganz wichtig, dass sie sich in der Gruppe ihrer Mitschüler auf- und angenommen fühlen. Deswegen reagieren sie unheimlich empfindlich auf jede Art von Ablehnung und Kritik, einschließlich Neckereien.

Während Sie mit Ihrem Kind gemeinsam Zeit verbringen, können Sie mit ihm über das Zusammenleben mit anderen sprechen und sowohl positive als auch negative Situationen mit seinen Alterskameraden „voraussagen". Dazu gibt es verschiedene Möglichkeiten.

Ich mache dies am liebsten anhand einer Geschichte deutlich, die eine typische Situation unter Kindern beschreibt, wobei ein Kind von seinen Kameraden schlecht behandelt wird und lernt, damit fertig zu werden. Natürlich betone ich dabei die positive Seite, denn ich möchte, dass das Kind sich auf die Begegnung mit anderen freut, anstatt Angst davor zu haben.

Oft ist es auch hilfreich, aus eigener Erfahrung zu berichten. Wenn Sie auch nicht das Gleiche erlebt haben, was Ihrem Kind im Augenblick Sorgen bereitet, so haben Sie früher gewiss Ähnliches empfunden wie Ihr Kind jetzt. Indem Sie von früher erzählen, können Sie Ihr Kind trösten und ihm helfen.

Sich auf diese Art natürlich mitzuteilen, hilft Eltern, in ihrer Familie eine positive Atmosphäre aufrechtzuerhalten, und gibt ihnen Zuversicht, dass ihre Kinder auch mit negativen Erlebnissen zurechtkommen werden. Kluge Eltern verstehen es, ihr Familienleben zu einem freundlichen und sicheren Hafen zu machen, in dem die Kinder es lernen können, mit den rauen Seiten des Lebens fertig zu werden.

Ihr Wunsch ist es, dass sich Ihr Kind, ganz gleich ,was in seinem Leben geschieht, zu einem Menschen entwickelt, der die Wahrheit sagt, seine Versprechen hält und Verantwortung für sein Verhalten übernimmt. Um zu einer solchen Persönlichkeit zu werden, müssen wir unsere Kinder auf alle Eventualitäten des Lebens vorbereiten.

Versuchungen, nicht ehrlich und aufrichtig zu sein, lauern überall, und man findet immer mehr Gründe, unmoralisches Verhalten zu rechtfertigen. Eltern und Großeltern haben jedoch die wunderbare Möglichkeit, das Leben ihrer geliebten Kinder zu prägen. In Zeiten, in denen wir mit ihnen allein sind, können wir ihnen mitteilen, wer wir sind und was wir für sie erhoffen und erbeten. Ein Kind zu erziehen, ist ein langwieriger Prozess, bei dem wir jedoch niemals aufgeben dürfen!

Wie reagieren wir auf schlechtes Benehmen?

Alle Eltern werden Situationen begegnen, in denen sich ihr Kind danebenbenimmt. Deshalb ist es hilfreich, zu wissen, wie man am besten damit umgeht. Schauen wir uns einige gängige Verhaltensmuster an:

- Quengelei. Wie verhalten wir uns, wenn ein Kind quengelt? Das kann so lästig werden, dass man sich beherrschen muss, um das Kind nicht voller Zorn anzubrüllen: „Entweder hörst du auf, oder es knallt."

Damit ist die halbe Schlacht bereits verloren. Wenn Sie Ihren Zorn gegen Ihr Kind richten, geben Sie ihm nur noch mehr Munition in die Hände, die es gegen Sie verwenden kann. Außerdem spürt das Kind, dass es Sie wirklich zum Zorn gereizt hat. So lernt es, dass Quengeln eine wirksame Methode ist, um Sie zu manipulieren. Je ärgerlicher Sie darauf reagieren, umso mehr wird das Kind quengeln.

Je mehr Zorn Sie gegen Ihr Kind richten, umso größer ist die Wahrscheinlichkeit, dass es seinen Zorn verdrängt und rebellisches und passiv-aggressives Verhalten entwickelt.

Man kann nicht nur Zorn gegen ein Kind richten, indem man es anschreit, sondern auch, indem man zurückquengelt. Auf diese Weise begegnet man seinem Kind nicht nur mit Feindseligkeit, sondern liefert auch ein schlechtes Beispiel im Umgang mit Zorn. Und natürlich verspottet man das Kind, wenn man es nachäfft.

Es gibt verschiedene Möglichkeiten, auf Quengelei zu reagieren, und Sie müssen entscheiden, welche bei Ihnen am besten funktioniert. Bei den meisten Kindern genügt es völlig, das Quengeln einfach zu ignorieren. Hilft das allein nicht, können Sie Ihrem Kind ruhig und gefasst sagen: „Ich kann dich nicht verstehen, wenn du so sprichst. Sprich normal und freundlich wie sonst, dann kann ich auch verstehen, was du möchtest."

Im Allgemeinen werden Kinder darauf reagieren, jedoch nicht immer. Hört Ihr Kind nicht auf zu quengeln, müssen Sie vor allem darauf achten, ruhig zu bleiben. Wenn Sie emotional reagieren und einfach aufgeben, dann hat das Quengeln gesiegt.

Ich reagiere dann am liebsten so, dass ich das Kind durch etwas Lustiges abzulenken versuche. Quengelt es noch weiter, lasse ich es an einem Ort, wo es sicher ist, allein und sage ihm, dass ich gern wieder mit ihm sprechen werde, wenn es wieder normal redet.

Einigen Kindern scheint das Quengeln angeboren zu sein. Falls Sie ein solches Kind haben, ist es lebensnotwendig, sich eine der o. g. Möglichkeiten zu eigen zu machen. Das Quengeln wird nachlassen, aber das wird ein langwieriger, beschwerlicher Prozess sein.

- Wutanfälle. Kinder im Vorschulalter neigen besonders dazu, ihre Eltern durch Wutanfälle zu manipulieren. Oft sind ursprüngliche Empfindungen und Bedürfnisse wie Müdigkeit, Durst, Hunger, Hitze, Kälte oder Schmerz der Auslöser für einen Wutanfall. In diesem Alter fällt es den Kindern schwer, sich selbst zu beschwichtigen, und sie brauchen die Eltern, die ihnen zeigen, wie man sich beruhigt und sein Verhalten zu beherrschen lernt.

Es ist für Eltern nicht leicht, mit Wutanfällen umzugehen, besonders dann, wenn sie sich in der Öffentlichkeit ereignen. Hier gelten die gleichen Richtlinien wie für das Quengeln. Es ist wichtig, dass Eltern ruhig bleiben und den Wutanfall zunächst ignorieren. Beschäftigen Sie sich mit etwas anderem, und wenn Sie zu Hause sind, ist es hilfreich, eine Hausarbeit zu verrichten, vorzugsweise eine Tätigkeit, die laute Geräusche verursacht.

Gewöhnlich genügt es bereits, den Wutanfall einfach zu ignorieren und sich nicht reizen zu lassen. Tobt das Kind aber trotzdem weiter, sollten Sie ihm eine Grenze setzen, bis es sich wieder beruhigt hat. Wenn aber alles nichts hilft, bleibt noch die Möglichkeit, das Kind mit Sonderaufgaben wie Straße kehren oder abtrocknen einzudecken.

Das ruhige, gefasste Verhalten der Eltern macht den Kindern deutlich, dass Sie Herr der Lage und durch den Wutanfall nicht zu beeinflussen sind. Viele Eltern können ihre Fassung besser wahren, wenn sie ein Lied summen oder singen, in Gedanken glückliche Erinnerungen wachrufen oder Zukunftspläne schmieden. Unter Umständen wirkt das Singen oder Summen außerdem beruhigend auf das Kind.

Haben die Kinder das Schulalter erreicht, bilden andere Faktoren, wie Kritik oder Ablehnung seitens der Schulkameraden, Verunsicherung bezüglich der elterlichen Liebe oder Urteile, die ihnen ungerecht erscheinen, die Auslöser für Wutanfälle.

Eine Methode, die Kindern helfen kann, sich zu beruhigen, wenn sie zornig sind, ist tiefe Muskelentspannung. Damit Ihre Kinder diese Methode anwenden können, wenn sie angespannt und zornig sind, müssen Sie mit ihnen diese Übung lernen, aber dazu sollten Sie und Ihre Kinder fröhlich und entspannt sein. Dabei zeigen Sie Ihrem Kind, wie man jedes Körperteil anspannt und wieder entspannt – linker Fuß, linkes Bein, rechter Fuß, rechtes Bein usw. Für kleinere Kinder kann es hilfreich sein, wenn sie sich vorstellen, wie eine ihrer Lieblingsfiguren die Übung mitmacht.

Als meine Kinder größer wurden, haben wir uns auf ein bestimmtes Zeichen oder Wort als Signal dafür geeinigt, dass es höchste Zeit war, sich zu entspannen. Wenn ich sah, dass sie zornig wurden, konnte ich ihnen dieses Zeichen geben. Das hat ihnen tatsächlich oft geholfen, sich nicht noch weiter in Zorn hineinzusteigern. Mein Zeichen sah so aus, dass ich meinen rechten Zeigefinger an meine Nase gelegt und ihn dann plötzlich nach vorn geschnippt habe. Mein Stichwort, in ruhigem Ton gesprochen, lautete: „Reg dich nicht auf!" Übrigens habe ich dann zuweilen auch zu mir selbst sagen müssen: „Reg dich nicht auf, Campbell!"

Kommunikation

Thomas Gordon, ein bekannter Autor, empfiehlt schon seit langem, anstelle von „Du"-Botschaften lieber „Ich"-Botschaften zu verwenden. Indem Eltern „Ich"-Botschaften gebrauchen, lehren sie ihre Kinder, ihre Gefühle auszudrücken, ohne die destruktive Gewohnheit des Beschuldigens zu entwickeln.

Ein Teenager hat beispielsweise vergessen, seine schmutzigen Stiefel vor der Tür auszuziehen. Er betritt die Wohnung und hinterlässt eine Schmutzspur. Wenn die Eltern sagen: „Nun sieh dir an, was du getan hast!", provoziert diese Aussage vermutlich Ärger und Spannung. Stattdessen könnten die Eltern erklären: „Ich ärgere mich, wenn man Schmutz ins Haus trägt." Das mag vielleicht beinahe zu gefasst erscheinen. Weil man diese Aussage jedoch ohnehin in einem ruhigen Ton vorbringt und weil sie keinen direkten Vorwurf enthält, wird sie weniger Spannung verursachen. Und wirklich belohnt werden wir dann, wenn unser Teenager beginnt, ebenfalls „Ich"-Aussagen zu gebrauchen. Der Gebrauch dieser „Ich"-Form trägt wesentlich dazu bei, dass unsere Kinder lernen, Verantwortung für ihr Verhalten zu übernehmen.

Schweigen ist ein wichtiger Bestandteil von Kommunikation und kann innerhalb der Familie verschiedenste Formen haben. Eine der wichtigsten Funktionen des Schweigens betrifft die Zeit nach einer Auseinandersetzung. Wenn Sie oder Ihr Kind sehr erregt sind, kann der Versuch, über das Vorgefallene zu diskutieren, beide Teile noch wütender und frustrierter machen.

Schweigen hat darüber hinaus noch einen anderen Wert: wenn Kinder über bereits festgelegte Regeln diskutieren wollen. Obgleich klar ist, dass es keinen Sinn hat, über etwas diskutieren zu wollen, was bereits ausgehandelt wurde, besteht der schwierigste Punkt für Eltern darin, einfach still zu bleiben.

In jeder Familie werden Verhaltensweisen auftreten, die es erforderlich machen, Grenzen und manchmal auch Strafen festzulegen. Wenn ein Kind die Beherrschung verliert, sich mutwillig auflehnt oder die elterliche Autorität herausfordert, müssen wir als Eltern zu geeigneten Mitteln greifen, um Herr der Lage zu bleiben.

Eltern haben fünf verschiedene Möglichkeiten, um ihre Kinder zu lenken. Zwei davon sind positiv, zwei negativ, und eine ist neutral. Das sind:

Positiv: Bitten und leichte körperliche Zurechtweisung
Negativ: Befehle und Strafen
Neutral: Verhaltensänderung

Die Wirksamkeit aller dieser Methoden hängt davon ab, wie gut es uns gelingt, den emotionalen Tank unserer Kinder gefüllt zu halten.

Gewiss sollten wir, wenn immer möglich, auf *Bitten* zurückgreifen, weil sie positiv sind und Zorn stillen können. Bitten sind auch Fragen: „Würdest du das bitte für mich tun?" Bitten enthalten unausgesprochen eine starke, positive Botschaft, wie z.B.: „Ich achte dich als Person, und ich achte auch die Tatsache, dass du Gefühle und eine eigene Meinung hast. Ich erwarte von dir, dass du die Verantwortung für dein Verhalten übernimmst."

Ich wünschte, Bitten würden stets genügen, doch das ist leider nicht der Fall. Deshalb müssen wir zuweilen *Befehle* aussprechen. Da ein Befehl eine gebietende Aussageform ist, schließt sie negative Assoziationen ein und kann Zorn erregen. Ein Befehl scheint dem anderen mitzuteilen: „Es interessiert mich nicht, welche Gefühle dich bewegen oder welche Meinung du zu diesem Punkt hast, und es liegt mir nichts daran, dass du selbst die Verantwortung für dein Verhalten übernimmst. Ich erwarte von dir nichts anderes, als dass du tust, was ich sage. Ja, ich übernehme in der Tat die Verantwortung für dein Verhalten."

Leichte körperliche Zurechtweisung ist eine positive Möglichkeit, das Verhalten von Kindern zu lenken. Diese ist besonders bei kleineren Kindern sehr wirksam. So kann man z. B. ein Kleinkind einfach an die Hand nehmen und von einem heißen Ofen weg zu einem geeigneteren Spielplatz führen.

Strafe ist die zweite negative Form, das Verhalten von Kindern zu beeinflussen. Leider glauben viele Eltern, sofort zu Strafen greifen zu müssen, wenn sie sehen, dass ihre Kinder sich schlecht benehmen. Sie tappen in die so genannte „Strafenfalle". Eltern, deren bevorzugtes Mittel zur Erziehung ihres Kindes oder Teenagers in einer Bestrafung besteht, provozieren unnützerweise unheimlich viel Zorn in ihrem Kind. Gleichzeitig treiben sie das Kind dazu, diesen Zorn zu verdrängen und passiv-aggressive Verhaltensweisen zu entwickeln. Und das ist besonders gefährlich, wenn die Eltern selbst zornig sind, während sie die Bestrafung durchführen.

Dennoch kommen wir manchmal nicht umhin, zu Strafen zu greifen, aber wir müssen klug und behutsam damit umgehen. Außerdem können wir viele

Probleme im Zusammenhang mit einer Bestrafung vermeiden, indem wir uns im Voraus darüber Gedanken machen. Ich rate Ihnen, sich mit Ihrem Ehegatten oder einem guten Freund zusammenzusetzen, um vorausschauend eine angemessene Bestrafung für bestimmte Vergehen zu besprechen. Sie wissen, dass Kinder regelrechte „Gerechtigkeitsfanatiker“ sein können. Die Strafe muss dem Vergehen angemessen sein. Ein Kind weiß genau, wenn Eltern zu streng oder zu nachgiebig sind. Tritt dann der Fall ein, dass Sie Ihr Kind bestrafen müssen, sind Sie schon darauf vorbereitet. Die Strafe bereits festgesetzt zu haben, wird gleichzeitig dazu beitragen, dass Sie Ihren Zorn besser beherrschen können. Ihr Kind wird Ihnen dankbar sein.

Verlust von Privilegien; Einschränkungen

Jedes Kind hat eine Lieblingssendung im Fernsehen oder ein Lieblingsspiel. Der Verlust von Privilegien kann eine wirksame Strafe sein. Ich habe Kinder erlebt, die den Gedanken, eine Fernsehsendung zu verpassen, nicht ertragen konnten und bei denen diese Art der Bestrafung Wunder wirkt.

Einschränkungen sind für größere Kinder und Teenager geeignet. Wenn Sie diese Methode jedoch zu oft anwenden, kann sie als Bumerang wirken, besonders, wenn Sie vergessen, was Sie gesagt haben, oder später feststellen müssen, dass die Einschränkungen nicht durchführbar sind. Wenn das geschieht, untergraben Sie Ihre Rolle als Eltern und tragen dazu bei, dass Ihre Kinder weniger Respekt vor Ihnen haben.

Ich rate Ihnen, mit dieser Art der Bestrafung sparsam umzugehen und sie wirklich nur dann einzusetzen, wenn die Situation es rechtfertigt. So angewandt, sind Einschränkungen ein äußerst wirksames Mittel zur Erziehung unserer Kinder.

Schadenersatz und Extraaufgaben

Hat ein Kind jemanden verletzt oder das Eigentum eines anderen zerstört oder beschädigt, müssen Sie auf jeden Fall daran denken, wie es den Verlust wieder gutmachen oder ausgleichen kann. Dies sollte natürlich dem Alter des Kindes und seinen Möglichkeiten entsprechen. Eine Entschuldigung ist ebenfalls angebracht. Manchmal ist es schwierig, einen geeigneten Schadenersatz zu finden, und es kann nötig sein, sich mit jemandem zu beraten, um ein gerechtes Maß zu ermitteln.

Zusätzliche Aufgaben können sich ebenfalls als wirksames Mittel erweisen, Kindern deutlich zu machen, dass schlechtes Benehmen negative Folgen hat. Achten Sie jedoch hierbei stets darauf, dass die Menge, der Zeitaufwand und der Schwierigkeitsgrad der zusätzlichen Aufgaben sowohl dem Kind als auch dem Vergehen angemessen sind.

Verhaltensänderung

Verhaltensänderung hat ihren berechtigten Platz in der Kindererziehung. Es ist jedoch falsch, sie als eine grundlegende Möglichkeit des Umgangs mit einem Kind zu betrachten.

Verhaltensänderung ist ein System, bei dem folgende drei Methoden angewandt werden: *positive Verstärkung* – dem Kind eine Annehmlichkeit zuteil werden lassen; *negative Verstärkung* – dem Kind eine Annehmlichkeit entziehen; und *Bestrafung* – dem Kind zeitweilig Unannehmlichkeiten bereiten.

Positive Verstärkung ist zum Beispiel, einem Kind für gutes Benehmen eine Belohnung zu geben, während negative Verstärkung darin bestehen kann, dem Kind bei schlechtem Benehmen ein Privileg, wie z. B. eine bestimmte Fernsehsendung, zu entziehen.

Ich lehne allerdings Verhaltensänderung als Grundlage der Eltern-Kind-Beziehung ab, weil diese Methode bei vielen Eltern die emotionale Zuwendung zu ersetzen droht. Wenn Eltern diese Methode überstrapazieren, fühlen Kinder sich nicht mehr geliebt.

Eine weitere Gefahr bei zu häufiger Anwendung dieser Methode liegt darin, dass Kinder ein gestörtes Wertesystem entwickeln, indem sie lernen, die an sie gestellten Erwartungen gegen eine Belohnung zu erfüllen. Das kann im Laufe der Zeit dazu führen, dass das betreffende Kind sein Verhalten an der Frage ausrichtet: „Was springt für mich dabei heraus?"

Kluge Eltern setzen diese Methode sparsam ein, denn sie wird schnell förmlich und unpersönlich. Deshalb ist es ratsam, sie für spezielle, wiederkehrende Verhaltensprobleme aufzusparen, bei denen das Kind weder Reue noch Trotz zeigt.

Bei Streit unter Geschwistern ist diese Methode sehr gut geeignet. Als unsere Söhne fünf, bzw. acht Jahre alt waren, haben sie sich oft gestritten, und unsere Bitten, damit aufzuhören, brachten höchstens für kurze Zeit den gewünschten Erfolg. Die Wirkung von Bestrafung war ebenso kurzlebig wie für alle Beteiligten unangenehm. Belohnung brachte jedoch den nötigen Erfolg. Wir arbeiteten mit einer „Sternchen-Liste": Für jede Minute ohne Streit wurde ein Sternchen eingetragen. Nach und nach vergrößerten wir die Zeitabstände, bis das ständige Streiten schließlich aufhörte. Jeder unserer Söhne bekam für eine entsprechende Anzahl von Sternchen eine angemessene Belohnung.

Aber ich muss Sie warnen: Diese Methode erfordert Zeit, Konsequenz, echten Einsatz und Geduld. Fangen Sie nur damit an, wenn Sie bereit sind, diese Methode bis zum Ende durchzuhalten, sonst werden Sie keinen Erfolg haben.

In Ihrem Verhältnis zu Ihrem Kind sollten Sie in jeder Beziehung und so oft wie möglich alles Positive betonen. Dadurch lernt Ihr Kind in kleinen Schritten, mit seinem Zorn und Unwillen in rechter Weise umzugehen.

Die wirkungsvollste „positive Verstärkung" geschieht durch die alltägliche, natürliche, nonverbale Zuwendung, die Sie Ihrem Kind schenken, indem Sie ihm aufmerksam zuhören, ihm ein Lächeln, Körperkontakt und Zeit schenken. Diese natürlichen Möglichkeiten, ein Kind zu motivieren, sind nicht unmittelbar Bestandteil des Modells zur Verhaltensänderung, aber sie werden Ihnen ein wertvoller Begleiter auf dem Weg zu einem gesunden Familienleben werden.

10. Angeborenes Autoritätsverhalten

Wie Sie sich gewiss erinnern, habe ich in den vorangegangenen Kapiteln mehrfach auf die so genannten Gruppen der 75-Prozentler und 25-Prozentler Bezug genommen. Jetzt möchte ich erklären, was darunter zu verstehen ist.

Während meiner fünfundzwanzigjährigen psychiatrischen Praxis habe ich beobachtet, dass es im Grunde zwei verschiedene Möglichkeiten gibt, wie Menschen auf Autorität reagieren: die eine Gruppe neigt dazu, sich Autoritäten unterzuordnen, während die andere sich eher dagegen auflehnt. Nach meiner Einschätzung macht die erste Gruppe etwa 25 Prozent der Bevölkerung aus, während der zweiten Gruppe etwa 75 Prozent zuzuordnen sind. Natürlich ist die jeweilige Neigung bei den Einzelnen mehr oder weniger stark ausgeprägt.

Ich glaube, dass Sie diese Aufteilung am besten anhand der graphischen Darstellung „Autoritätsverhalten“ verstehen werden, die Sie am Ende dieses Kapitels finden. Wie die Kurven es verdeutlichen, gibt es innerhalb jeder Gruppe eine Abstufung. So kann das Verhalten des Einzelnen innerhalb der Gruppe der 25-Prozentler ebenso schwach, gemäßigt oder extrem stark ausgeprägt sein, wie sich das Verhalten Einzelner, die zur Gruppe der 75-Prozentler gehören, als gemäßigt oder extrem rebellisch darstellen kann.

Jeder bringt bei seiner Geburt eine gewisse Grundhaltung gegenüber Autoritäten mit auf die Welt, welche zu den Wesensmerkmalen eines Menschen zählt. Diese Grundhaltung kann durch die Erziehung und Umgebung in gewissem Maße modifiziert werden, wobei jedoch der Wesenszug als solcher prinzipiell erhalten bleibt.

Die Einteilung in diese beiden Gruppen hat nichts mit den vielen Persönlichkeitstypen zu tun, wie sie heutzutage in gewissen Kreisen viel diskutiert werden. So kann sich der extrovertierte Typ Autoritäten gegenüber angepasst oder rebellisch verhalten. In beiden Gruppen finden sich Vertreter verschiedenster Typen. Verwechseln Sie also meine Einteilung in diese beiden Gruppen nicht mit den vier verschiedenen Bezeichnungen für das Temperament eines Menschen, wie z. B. Sanguiniker oder Choleriker.

Die Reaktionen und Verhaltensweisen eines Menschen werden in höchstem Maße von seiner Haltung gegenüber einer Autorität bestimmt, die wiederum durch seine Veranlagung bedingt ist.

Jedes Kind kommt als einzigartige Persönlichkeit mit bestimmten angeborenen Wesenszügen zur Welt. Bei der Empfängnis liefern die Eltern das Erbgut, aus dem sich diese Persönlichkeit entwickelt. Weil die Persönlichkeitsstruktur vorgegeben ist, kann man nicht von einer besseren oder schlechteren, sondern einfach nur von einer anderen Grundstruktur sprechen. Je besser wir die grundlegende Veranlagung eines Kindes begreifen, umso besser können wir dazu beitragen, das, was das Kind mit auf die Welt gebracht hat, voll und reich zu entfalten.

Zum besseren Verständnis des unterschiedlichen

Autoritätsverhaltens innerhalb der beiden Gruppen wollen wir uns Vertreter der einzelnen Gruppen anschauen, bevor ich Ihnen anschließend einige Vorschläge für den Umgang mit Ihren Kindern unterbreiten möchte.

Die Gruppe der 25-Prozentler

Menschen, die zu dieser Gruppe gehören, werden mit dem Bedürfnis geboren, sich unterzuordnen. Sie brauchen Bestätigung und Lob. Sie möchten, dass jemand Ihnen sagt, was sie tun und wie sie ihre Zeit einteilen sollen. Vielleicht denken Sie, dass ein solches Kind einfach zu erziehen sei – man sagt ihm, was zu tun ist, und anschließend lobt man es.

Sie haben Recht, wenn Ihnen das zu einfach erscheint. Kinder, die zur Gruppe der 25-Prozentler zählen, sind ebenso schwer zu erziehen wie Kinder der Gruppe der 75-Prozentler, denn sie müssen lernen, eigenständig zu denken und auf eigenen Füßen zu stehen, anstatt sich nur auf andere zu verlassen.

Weil 25-Prozentler sehr zu Schuldgefühlen neigen, lassen sie sich leicht davon beherrschen. Ohne zu wissen, was sie eigentlich tun, beherrschen die meisten Eltern solcher Kinder sie genau auf diese Weise. Am Ende sind sie noch stolz darauf, so wunderbar disziplinierte Kinder zu haben.

Julia ist das älteste von fünf Kindern. Sie ist ein stilles und gehorsames Mädchen, deren Eltern sie geschickt durch Schuldgefühle leiten.

Julia wurde von einer Freundin zum Schwimmen eingeladen, und sie bat ihre Mutter um Erlaubnis.

Die Mutter antwortete: „Oh, das ist schade, Julia. Ich wollte eigentlich heute Abend mit Vati essen gehen. Ich hatte gehofft, du würdest auf deine Geschwister aufpassen, aber das ist nicht so schlimm. Ich werde ein andermal mit Vati ausgehen."

Obwohl sie wusste, dass ihre Mutter nur selten ausging, hätte Julia die Einladung ihrer Freundin sehr gern angenommen. Sie hätte sich jedoch furchtbar schuldig gefühlt, diejenige zu sein, die ihrer Mutter ein paar erholsame Stunden außer Haus verdarb, die sie gewiss dringend brauchte. Und so erwiderte sie: „Du kannst ruhig gehen, Mutti. Mein Badeanzug sieht sowieso nicht mehr schön aus. Deshalb warte ich lieber, bis ich einen neuen bekomme. Du kannst heute Abend mit Vati essen gehen."

Weil Julia sich nie beschwerte, war es für ihre Mutter leichter, sie zu bitten, zu Hause zu bleiben. Julias Antwort wirkte tatsächlich so überzeugend, dass ihre Mutter glaubte, sie würde wirklich gern für sie auf ihre Geschwister aufpassen. Und manchmal stimmte das auch, aber oft wäre Julia viel lieber zu ihren Freunden gegangen. Doch ihre Schuldgefühle hielten sie zu Hause fest.

Kinder, die zur Gruppe der 25-Prozentler zählen, sind sehr leicht zu leiten, solange sie noch klein sind. Oft hört man von ihren Eltern Äußerungen wie: „Wenn du nur etwas konsequenter wärest in deiner Erziehung, wäre deine Tochter genauso wie Julia." Die beiden Typen lassen sich jedoch auf keinen Fall miteinander vergleichen, und viele Kinder leiden darunter, wenn Eltern alle Kinder nach demselben Schema erziehen.

Wenn Eltern ihre Kinder durch Schuldgefühle leiten und beherrschen, so ist das die denkbar schlechteste Art, mit Kindern umzugehen. Weil 25-Prozentler so sehr darauf bedacht sind, anderen zu gefallen, sind sie auch schnell niedergeschlagen. Sie nehmen alles zu ernst und zu persönlich. Außerdem haben sie Angst davor, jemanden zu verletzen oder etwas falsch zu machen. Da sie oft Perfektionisten sind, wollen sie immer alles richtig machen. Schon eine kleine Kritik kann sie derart niederschmettern und so viel Schuldgefühl in ihnen wecken, dass sie sich nicht zu einer eigenständigen Persönlichkeit entwickeln können.

Meist erkennen die Eltern solcher Kinder das nicht. Sie freuen sich nur darüber, so ein artiges Kind zu haben, das immer genau das tut, was ihm gesagt wird, und nie irgendjemandem Schwierigkeiten bereitet. Aber diesen Eltern fällt nicht auf, dass diese Kinder alle ihre Gefühle für sich behalten. Als Perfektionisten sind sie sehr selbstkritisch. Sie erwarten zwar nicht, dass alles vollkommen ist, möchten aber, dass alles besser ist, als sie es zu tun vermögen.

Menschen, die zur Gruppe der 25-Prozentler zählen, haben derart hohe Erwartungen, dass jeder Tag zu einer Enttäuschung werden kann. Selbst wenn an einem Tag alles wunderbar klappt – bis auf eine Kleinigkeit –, sehen sie nur diesen einen Punkt. Deshalb neigen sie auch leicht zu Depressionen.

Bernd ist im zweiten Jahr an der Highschool. Er hat heute in einer Mathematikarbeit und in einem Test in Englisch die volle Punktzahl erreicht. Außerdem hat er eine Ausarbeitung über ein Buch zurückbekommen, die ebenfalls mit „sehr gut“ benotet wurde. Welch ein erfolgreicher Tag! Am Nachmittag erzielt er obendrein beim Baseball den entscheidenden Punkt für sein Team.

Zu Hause findet er eine Nachricht von seiner Mutter, dass sie später nach Hause kommt. Das macht Bernd nichts aus, denn er will noch zum Kegeln gehen. Er geht zum Schrank, um sein rotes Trikot zu holen, findet es aber nicht. Dann entdeckt er es mit schwarzen Flecken im Wäschekorb.

Nun ist Berts Tag ruiniert! Seine Mannschaft nimmt an einem Turnier teil, und er hat kein Trikot! Alle Erfolge des heutigen Tages sind plötzlich wie weggeblasen.

Die Geschichte von Bernd verdeutlicht uns die Denkweise von 25-Prozentlern. Sie lassen sich leicht von einem unwichtigen Ereignis entmutigen, und die Entmutigung verursacht Zorn. Weil Kindern dieser Gruppe so viel daran liegt, anderen zu gefallen, behalten sie ihren Zorn für sich, was die depressive Stimmung noch verstärkt. Diese bewirkt weiteren Zorn, den das Kind in seinem Inneren gegen sich selbst richtet.

Wenn die Eltern nicht erkennen, was im Inneren dieser Kinder vor sich geht, können solche Kinder jahrelang unter manipulierten Schuldgefühlen leiden. Wenn niemand diese Kinder anleitet, selbstständig zu denken oder ihre Gefühle angemessen zum Ausdruck zu bringen, dann sind sie auf dem besten Weg, depressive und zornerfüllte Erwachsene zu werden.

Das natürliche Bedürfnis aller Menschen nach Liebe und Anerkennung ist bei solchen Kindern besonders stark ausgeprägt. Wenn die Eltern nicht merken, dass ihr Kind unter mangelndem Selbstbewusstsein leidet, und wenn sie es versäumen, seinen emotionalen Tank zu füllen, wird das Kind außerhalb der Familie die Zuwendung und Bestätigung suchen, die es braucht. Wenn aus dem Kind ein Teenager geworden ist, hat es möglicherweise bereits destruktive Verhaltensweisen entwickelt.

Die Gruppe der 75-Prozentler

Meine Frau und ich haben zwei Söhne. Dale ist unser 25-Prozentler, der mit der Frage geboren wurde: „Vati, kann ich etwas für dich oder für Mutti tun?"

David dagegen kam mit dem nicht zu überhörenden Ausruf in die Welt: „Würdet Ihr mir bitte aus dem Weg gehen! Ich muss mein Leben gestalten! Ich möchte vorwärts kommen und nicht mehr als unbedingt nötig aufgehalten werden!"

David gehörte zu den „Ich-möchte-es-lieber-selbst tun"-Kindern, und es war stets offensichtlich, was er dachte und fühlte. Diese Kinder wollen selbstständig denken und ihre eigenen Entscheidungen treffen. Schreibt ihnen jemand vor, was sie tun sollen, können sie sehr zornig werden. Sie möchten aus eigener Erfahrung lernen.

Oberflächlich betrachtet scheint es schwieriger zu sein, Kinder zu erziehen, die zur Gruppe der 75-Prozentler gehören. Das stimmt aber nicht. Obwohl sie eine kritische Distanz zu elterlicher Autorität haben, brauchen sie etwa das gleiche Maß an Geduld, Liebe und Verständnis wie Kinder, die gefügiger sind.

Das Bestreben, selbstständig zu denken, verleiht solchen Kindern eine natürliche Führungsgabe. Ich persönlich finde es leichter, ein solches Kind zu leiten, als einen 25-Prozentler dazu zu erziehen, selbstständig zu denken. Demgegenüber wird der 75-Prozentler schneller zornig, wenn man versucht, ihm etwas beizubringen oder wenn man ihm Grenzen setzen muss.

Als unser Sohn David etwa vierzehn Jahre alt war, gab er eines Sonntagmorgens bekannt: „Ich werde heute nicht mit zum Gottesdienst gehen!"

„Komm doch mit, David", erwiderte ich, „Du weißt doch, dass es dir Spaß machet, wenn du erst einmal dort bist."

Er gab nach und ging mit.

Dann berührte er das Thema einige Wochen nicht mehr, bis er eines Tages völlig unerwartet wieder kundtat: „Ich komme nicht mit zum Gottesdienst. Ich habe euch schon einmal gesagt, dass ich nicht gehen möchte, und heute werde ich auch nicht mitkommen!"

Diesmal war mir klar, dass gutes Zureden nichts nützen würde – er war so entschlossen, dass Zwang seinen Widerstand gegen die Kirche nur noch verstärkt hätte. Ich wollte dieses Problem möglichst lösen, ohne David zu entfremden, so dass wir ihn weiter auf dem Weg zur Reife begleiten konnten.

„Würdest du gern zur Sonntagsschule gehen?", fragte ich.

„Hm, dagegen hätte ich nichts einzuwenden."

„Okay, wir werden Folgendes tun: Du gehst zur Sonntagsschule, und anschließend fahren dich Mutti oder ich nach Hause, und wir bleiben mit dir während des Gottesdienstes hier."

David war damit einverstanden. Weil wir genau wussten, dass unser David in die Gruppe der 75-Prozentler einzuordnen war, wollten Pat und ich es vermeiden, dass sich in ihm Zorn gegen geistliche Dinge aufstaute, was leicht geschehen kann, wenn man solchen Kindern in diesem Alter Zwang auferlegt. David war von Natur aus gegen Autoritäten eingestellt, und so zogen wir es zunächst vor, keinen Druck auszuüben. Wir betrachteten unser Verhalten nicht als nachgiebig, wir hatten vielmehr einen Plan. David wusste genau, was wir glaubten, und stellte uns nur auf die Probe.

Nachdem wir dies vier oder fünf Wochen lang so gemacht hatten, beobachtete ich, wie Davids Interesse nachließ. Er wusste auch, dass Pat und ich darunter litten, denn wir wollten gern gemeinsam den Gottesdienst besuchen. So sagte er schließlich: „Nun gut, ich komme wieder mit zum Gottesdienst, um euretwillen." Und damit war das Thema beendet.

Nun kann ich nicht versprechen, dass diese Strategie bei allen Kindern erfolgreich ist, die zur 75-Prozentler-Gruppe gehören. Vieles hängt auch von der allgemeinen Beziehung ab, die Sie zu Ihrem Kind haben. Der Schlüssel für den Umgang mit diesen Kindern ist, möglichst positiv zu bleiben und nicht zu autoritär aufzutreten, ganz besonders im Hinblick auf das geistliche Leben. Die Statistiken sind recht verschwommen in Bezug auf die Anzahl der Kinder, die in christlichen Familien aufwachsen und sich, wenn sie erwachsen sind, vom Glauben abwenden.

Wie die aktuellen Zahlen auch immer genau aussehen, wir wissen aus dem, was wir in unserer eigenen Umgebung beobachten, dass die Situation nicht rosig aussieht.

Passiv-aggressives Verhalten innerhalb der 25/75-Prozentler

In Kapitel sechs haben wir über den einen Lebensabschnitt bei unseren Kindern gesprochen, in dem man passive Aggression als „normal" betrachten kann, nämlich die frühe Pubertät. In den meisten Familien erwartet man von Kindern in erster Linie, dass sie in der Schule gute Leistungen bringen. Deshalb tritt passive Aggression auch vorrangig in diesem Zusammenhang auf. Überhaupt manifestiert sie sich immer auf den Gebieten, die den Eltern besonders viel bedeuten.

Beginnen Kinder, die zur Gruppe der 75-Prozentler zählen, in der Schule nachzulassen, tun die Eltern zunächst gut daran, nicht zu viel Aufhebens darum zu machen. Je wichtiger die Eltern die Angelegenheit nehmen, umso intensiver wird das Kind sein Verhalten ausprägen und fortsetzen. Und warum sollte der Teenager schließlich auch Verantwortung für seine Noten übernehmen, solange Eltern und Lehrer dies tun! Unser ältester Sohn David war ein extremer 75-Prozentler, dessen Noten sich in der achten und neunten Klasse drastisch verschlechterten. Wie bereits in einem vorangegangenen Kapitel beschrieben, gelang es ihm jedoch, sein Verhalten zu korrigieren, nachdem ihm bewusst geworden war, dass er sich mit schlechten Noten den Weg auf ein gutes College verbaute.

Dale, unser 25-Prozentler, hat nie in seinen schulischen Leistungen nachgelassen. Er wollte Eltern und Lehrern gefallen und erzielte so auch während seiner gesamten Highschoolzeit ausgezeichnete Noten.

Dreizehn- bis Fünfzehnjährige sind unbewusst und zuweilen auch bewusst gegen alles Autoritäre eingestellt. Das trifft insbesondere für die Kinder innerhalb der Gruppe der 75-Prozentler zu, die außerdem die meiste Zeit zornig sind. Wir müssen als Eltern dazu beitragen, dass ihr Zorn über ihre Lippen nach außen dringt, anstatt sich in ihrem Inneren aufzustauen.

Das ist äußerst schwierig, denn Eltern sind natürlicherweise eher geneigt, ihre Teenager zur Ruhe zu bringen, ihren Zorn zurückzudrängen und den Frieden im Haus zu wahren. Manchmal muss ich jedoch Eltern, die zu mir in die Beratung kommen, fragen: „Was ist Ihnen lieber, ein Sohn, der Sie anschreit, oder ein Sohn, der eine Überdosis Drogen nimmt? Möchten Sie lieber eine Tochter, die zuweilen herumschreit und Ihnen mit ihrer Hartnäckigkeit auf die Nerven fällt, oder eine Tochter, die schwanger ist?“

Natürlich lautet die Antwort: „Keines von beiden“, was jedoch selten möglich sein wird. Wie oft musste ich den Schmerz wunderbarer Eltern erleben, wenn sie entdeckten, dass ihr stets höflicher und anständiger Teenager schwanger war, Drogen nahm oder sich anderweitig in schwerwiegende Probleme verstrickt hatte! Denken Sie bitte stets daran, dass verbale Zornausbrüche nur eine vorübergehende Sache sind, wenn wir es als Eltern verstehen, unsere Kinder anzuleiten, ihren Zorn angemessen auszudrücken. Eine der schönsten Erfahrungen für mich als Vater war zu erleben, wie unsere Kinder immer mehr Fortschritte machten, ihren Zorn und ihre Wut mit Worten, aber angemessen und freundlich, zum Ausdruck zu bringen.

Ich rate Eltern stets, ihre jüngeren Teenager von einem gewissen Druck zu befreien, indem sie ihnen erlauben, ihrem Ärger mit Worten Ausdruck zu verleihen, und anschließend als Eltern auf reife Art darauf zu reagieren. Solange wir als Eltern angemessen mit dem Zorn unserer Kinder umgehen und ihnen helfen, auf der Stufenleiter voranzukommen, bedeutet das nicht, zu nachgiebig zu sein. Zorn zu unterdrücken ist so, als wollte man einen aufgeblasenen Luftballon, der sich bereits ausbeult, zusammendrücken. Drückt man die Wulst an der einen Stelle ein, tritt sie an anderer Stelle wieder hervor. Wenn Sie Ihre Kinder daran hindern wollen, ihren Zorn zu äußern, können Sie sicher sein, dass dieser sich auf einem anderen Gebiet ihres Lebens einen Weg bahnt.

Mit passiv-aggressivem Verhalten wird ein Teenager seinen Zorn los, indem er seine Eltern ärgert. Dabei wird er sich stets den Punkt aussuchen, der die Eltern am meisten reizt. Was könnte christliche Eltern am meisten verdrießen? Auflehnung gegenüber geistlichen Werten natürlich! Wogegen wird sich demzufolge die Aggression des Teenagers richten? Gegen die Gemeinde und Glaubensinhalte. Aber auch andere liebgewordene Gewohnheiten der Familie werden zur Zielscheibe kindlicher Aggression. Eltern müssen damit rechnen, dass ihre Teenager Werte und Ideale grundsätzlich in Frage stellen.

Denise und Georg

In den meisten Familien mit mehreren Kindern sind oft beide Gruppen vertreten: die anpassungsfähigen und die rebellischen Kinder. Das ist dann eine echte Herausforderung für alle. Die Geschwister können große Schwierigkeiten haben, miteinander auszukommen, während die Eltern leicht dazu neigen, ein Kind gegenüber dem anderen vorzuziehen, weil sie nicht wissen, was die Kinder zu ihrem unterschiedlichen Verhalten motiviert.

Die große, schlanke Denise, die sich gerade in der Ausbildung zur Krankenschwester befand, kam zu mir in die Beratung. Sie machte einen deprimierten Eindruck und rutschte eine Weile nervös auf ihrem Stuhl hin und her, bevor sie sich entschließen konnte, etwas zu sagen. Dann stieß sie plötzlich hervor: „Herr Dr. Campbell, ich leide an Magersucht. Wir hatten eine Vorlesung über Magersucht und Bulimie, und dabei stellte ich fest, dass ich Symptome beider Krankheiten aufweise."

Denise begann zu weinen. „Ich möchte es meinen Eltern nicht sagen, denn sie sind ohnehin der Meinung, dass ich in meinem Leben kaum etwas richtig mache. Jetzt werden sie mich gewiss hassen."

Ich sah in ihre mit Tränen gefüllten braunen Augen. „Warum glaubst du, dass du magersüchtig bist, Denise?"

„Nun, ich hungere, solange ich es aushalten kann.

Dann esse ich alles, was mir unter die Augen kommt, und nehme anschließend ein Abführmittel, um die Nahrung wieder von mir zu geben."

„Seit wann tust du das?"

„Seit etwa vier Monaten."

Ich war froh, dass Denise ihr Problem früh genug erkannt und noch nicht den Punkt erreicht hatte, an dem körperliche Schädigungen unvermeidlich sind. Ich war der Meinung, dass die Chancen für eine Überwindung der Magersucht gut standen. Aber dazu mussten wir herausfinden, warum sie so negativ von sich selbst dachte.

Im Verlauf der Beratung kristallisierte sich ihr Problem klar heraus. Denise war ein stilles Kind, während ihr älterer Bruder, Georg, ein offener und zorniger Typ war – also ein 25-Prozentler und ein 75-Prozentler.

„Solange ich denken kann, hat Georg es stets verstanden, die Aufmerksamkeit der Eltern auf sich zu lenken. Mit sieben Jahren erkrankte er lebensgefährlich. Während er im Krankenhaus lag, war ich bei den Großeltern. Ich fühlte mich sehr einsam, wollte jedoch Mutti und Vati nicht damit belasten, da sie bereits genug Sorgen mit Georg hatten.

Nachdem Georg aus dem Krankenhaus entlassen worden war, musste er einen Monat lang das Bett hüten. Ich tat alles, um ihm Freude zu bereiten. Ich war so froh, dass wir alle wieder zu Hause sein konnten, aber Mutti beachtete mich kaum. Ich kann mich nicht erinnern, damals empfunden zu haben, dass sie mich mehr beachten sollte, aber jetzt weiß ich, wie sehr ich ihre Aufmerksamkeit vermisst habe.

Als Georg und ich zehn und acht Jahre alt waren, haben unsere Eltern ein neues Haus gebaut, und wir haben einige hektische Monate durchlebt. Ich besinne mich, wie Georg und ich uns gestritten haben und wie wir dann von Vati bestraft wurden. Dabei ist Georg einmal einfach weggelaufen, während ich zurück ins Haus gegangen bin, um eine Aufgabe zu erledigen, die Mutti mir aufgetragen hatte."

Denise erzählte mir, dass sie fast immer nachgab – nicht nur gegenüber ihrem Bruder und ihren Eltern, sondern auch allen anderen gegenüber, die sie ärgerten. Das änderte sich jedoch, als sie in die Highschool kam.

„Ich versuchte weiterhin, zu Hause den Frieden zu wahren, doch in der Schule ließ ich mich richtig gehen. In meinem ersten Jahr an der Highschool ging ich mit einem Jungen, der in der Tat nicht viel taugte und mir nur Schwierigkeiten bereitete. Als meine Familie herausfand, dass ich mich mit ihm traf, machten sie mir zwei Wochen lang Vorhaltungen. Dann habe ich mich nie wieder mit ihm getroffen.

Immer wenn ich etwas getan habe, was meinen Eltern missfiel, habe ich mich stets schuldig gefühlt und mich für den schlechtesten Menschen der Welt gehalten."

Weil Denise so oft den Unterricht schwänzte, ließen ihre Leistungen im zweiten Jahr an der Highschool sehr stark nach. Eine Weile hielt sie ihre Zensuren vor ihren Eltern verborgen, bis ihre Mutter eines Tages überraschend in der Schule auftauchte und Denise die Wahrheit eingestehen musste. Ihre Eltern nahmen sie von der Schule und sagten ihr, dass sie eine Arbeitsstelle finden und ihnen das Geld zurückzahlen müsse, das sie für ihre nicht abgeschlossene Ausbildung investiert hatten.

„Ich arbeitete an zwei oder drei verschiedenen Stellen, bis ich es schließlich geschafft hatte, das Geld zurückzuzahlen, doch ich kam mir immer schlechter vor. Ich hatte kein echtes Ziel vor Augen und führte Dinge, die ich begonnen hatte, nie zu Ende.

Die ganze Zeit hatte meine Mutter mein Leben gelenkt. Da ich jedoch der Meinung war, dass sie aus ihrem eigenen Leben nicht gerade das Beste herausgeholt hatte, ärgerte ich mich über ihre Einmischung in mein Leben. Da ich es mir jedoch nicht leisten konnte auszuziehen, war ich gezwungen, ihre Einmischung weiter zu ertragen. Als ich ihr sagte, dass ich meine Ausbildung beenden wollte, schien sie sich zu freuen und bot an, mir das Geld zu leihen, doch ich lehnte ab. Mir war klar, dass ich bald meinen eigenen Weg gehen musste, sonst würde ich nie irgendein Ziel erreichen. So lieh ich mir Geld, zog von zu Hause aus und ging wieder zur Schule.

Ich geriet wieder in die gleiche Falle, weil ich glaubte, alle Streitigkeiten der anderen schlichten zu müssen. Stets war ich für andere da, aber für mich schien nie jemand Zeit zu haben. Als die Zeit der Abschlussprüfungen nahte, geriet ich in Panik. Nie hatte ich eine wichtige Angelegenheit erfolgreich abgeschlossen, und ich fürchtete, ich würde es auch diesmal nicht schaffen.

Ich war stets etwas übergewichtig, das dachte ich zumindest, und so begann ich zu der Zeit, da ich wegen der Abschlussprüfung in Panik geraten war, mit einer Diät. Als ich feststellte, dass ich problemlos abnahm, war ich stolz, endlich etwas richtig zu machen. Das Abnehmen wurde jedoch zu einer Sucht."

Nach mehreren Wochen intensiver Beratung begann Denise zu begreifen, dass sie zur Gruppe der 25-Prozentler gehörte. Ihr wurde außerdem bewusst, dass ihre Eltern sie nicht so geleitet hatten, wie es ihren Bedürfnissen entsprach. Sie hatten sie immer geliebt, aber nie erkannt, dass ihr stilles Wesen auch trügerisch sein konnte. Weil sie keine besondere Aufmerksamkeit forderte, bekam sie sie auch nicht. Ihre Eltern nahmen einfach an, ihr emotionaler Tank wäre gefüllt, und widmeten sich stattdessen den offenkundigen Forderungen Georgs, eines klassischen 75-Prozentlers.

Glücklicherweise nahm Denises Geschichte ein gutes Ende. Sie bestand ihre Abschlussprüfung als Drittbeste ihrer Klasse und arbeitet inzwischen in einem großen Krankenhaus. Denise und ihre Eltern haben schließlich zu einer echten Beziehung gefunden, die sich auf Liebe und Verständnis gründet. Ihre Eltern haben erkannt, dass Denise ihre Aufmerksamkeit braucht, auch wenn sie still ist.

Haben Sie gesehen, wie leicht es für Denises Eltern war, sie zu beherrschen? Sie wollte Lob und Anerkennung und versuchte, ein vollkommenes kleines Mädchen zu sein, womit sie jedoch bald überfordert war. Der Mangel an emotionaler Zuwendung führte dazu, dass sich in ihrem Inneren Zorn und Frustration aufstauten, die sich schließlich in Form von Magersucht und Bulimie äußerten.

Und wie war es um Denises geistliches Leben bestellt? Sie besuchte regelmäßig Gottesdienste und bekannte in der frühen Pubertät ihren Glauben. Sie war der vorbildliche Teenager – bis sie in die Highschool kam und geistliche Unterweisung als „Kinderkram“ ablehnte. Um ihren Eltern zu gefallen, besuchte sie jedoch weiterhin den Gottesdienst.

Denise verspürte aber trotzdem eine große Sehnsucht nach Gott. So kam sie allmählich dazu, selbst in der Bibel zu lesen und zu beten, ohne jedoch aktiv am Gemeindeleben teilzunehmen. Wie die meisten 25-Prozentler hielt Denise ihre Gedanken und Entscheidungen für weniger wichtig als die von anderen, die energischer aufzutreten wussten. Als ihr klar wurde, dass ihre Intelligenz, ihr Denkvermögen und ihre Entscheidungsfähigkeit nicht geringer waren als die anderer Leute, lernte sie allmählich, selbstständig zu werden und sich auf ihre eigenen Entscheidungen zu verlassen. Dadurch gewann sie ein sichereres Auftreten innerhalb einzelner Gruppen, auch in ihrer Gemeinde.

Wir müssen sehr darauf achten, unseren 25-Prozentlern die geistliche, emotionale und körperliche Zuwendung zu geben, die sie brauchen. Weil sie, wie Denise, nichts fordern und weil sie vielleicht Geschwister haben, die so sind wie Georg, kann es leicht passieren, dass unser Familienleben gefährlich aus dem Gleichgewicht gerät. Unser Wunsch ist es, dass alle unsere Kinder zu starken, gesunden und verantwortungsbewussten Erwachsenen werden.

Unsere 75-Prozentler unterscheiden sich auch an einer anderen entscheidenden Stelle von ihren eher zurückhaltenden Geschwistern. Ihre Denkweise ist globaler und allgemeiner, wohingegen die 25-Prozentler sich mehr auf Einzelheiten konzentrieren. Das bedeutet gleichzeitig, dass die beiden Typen auf unterschiedliche Art und Weise zu Schlussfolgerungen gelangen.

Während ich zur Gruppe der 25-Prozentler zähle, ist mein ältester Sohn David ein 75-Prozentler. Er und ich betrachten Situationen von einem jeweils anderen Blickwinkel und müssen lernen, die Perspektive des anderen zu respektieren. Oft bin ich zu dem Schluss gekommen, dass er Probleme besser zu meistern versteht als ich.

Als David zwanzig Jahre alt war, beschlossen wir, zum Sporttauchen ins Ausland zu fliegen. Bei der Ankunft stellten wir fest, dass unser Gepäck fehlte. Ich dachte zunächst nicht viel darüber nach, bis wir es plötzlich im Büro einer Flughafenbehörde sahen. Als wir die Beamten darauf aufmerksam machten, behaupteten sie zunächst, dass dies nicht unser Gepäck sei. Als wir weiter auf unserer Meinung beharrten, gaben sie an, keinen Schlüssel zu diesem Büro zu besitzen. David und ich mussten einige Stunden warten, während man den Schlüssel „suchte“. Als man unsere Nachfragen weiter ignorierte, begann ich, innerlich vor Wut zu kochen. Die Sache wurde für mich noch dadurch verschlimmert, dass mich das Verhalten der Flughafenbehörden nur allzu sehr an eine

Behandlungsweise erinnerte, die ich schon als Kind nicht ertragen konnte.

David kennt mich ziemlich gut und sah, dass ich im Begriff war, die Beamten verbal anzugreifen und mich möglicherweise in Schwierigkeiten zu bringen – oder ihnen zumindest noch einen Vorwand zu liefern, unser Gepäck weiter zurückzuhalten. Die Art und Weise, wie ich David dazu erzogen hatte, mit Zorn umzugehen, trug ihre Früchte, als er die Verantwortung übernahm und sagte: „Paps, du bist zu aufgebracht. Setz dich hin, ich werde die Sache in die Hand nehmen." Ich war froh, mich hinsetzen und meinen Mund halten zu können – während David einen kühlen Kopf behielt, die Angelegenheit wunderbar regelte und wir unser Gepäck zurückbekamen.

Als 25-Prozentler hatte ich mich zu sehr auf Einzelheiten – auf die Art, wie man uns behandelte – konzentriert und zu heftig darauf reagiert. David dagegen sah die gesamte Situation und konnte so das Ziel im Auge behalten. Wir befanden uns in einem anderen Land, wo andere Sitten und Gebräuche herrschten als bei uns. Außerdem betrachtete er das Geschehen nur als einen dummen Zwischenfall, der unsere wunderbaren Reisepläne nicht zu beeinträchtigen brauchte.

In diesem Fall war das Verhaltensschema eines 75-Prozentlers am besten geeignet, das Problem zu lösen. In anderen Situationen kann sich jedoch die Verhaltensweise der 25-Prozentler als vorteilhafter erweisen. Wie glücklich ist der Mensch, der es gelernt hat, wie und wann er seine Stärken einsetzen und wann er anderen die Führung überlassen muss.

75-Prozentler verspüren gegenüber 25-Prozentlern nicht immer den größten Respekt. Weil Letztere sensibler, empfindsamer und verletzlicher sind, betrachten Vertreter der anderen Gruppe sie oft als schwach, unsicher und schüchtern. 75-Prozentler haben dagegen meist weniger Einfühlungsvermögen, und es fällt ihnen schwerer, Mitgefühl für andere zu entwickeln und ihre Ansichten zu verstehen. Angehörige dieser Gruppe laufen schnell Gefahr, hartherzig, lieblos und egoistisch zu werden.

Als Eltern solcher Kinder besteht unsere Aufgabe nicht nur darin, ihren emotionalen Tank zu füllen, damit sie erfahren, was Liebe und Zuwendung bedeuten, wir müssen sie ebenso anleiten, Einfühlungsvermögen und Mitgefühl zu entwickeln. Und wir müssen sie natürlich lehren, mit ihrem Zorn auf reife Art und Weise umzugehen. Ein stark ausgeprägter 75-Prozentler, der nicht genug Liebe erfahren, niemals gelernt hat, andere zu verstehen und zu respektieren und dessen rebellische Haltung durch passive Aggression noch verstärkt wurde, wird mit großer Wahrscheinlichkeit zu einer Belastung für seine Umwelt.

Da diese Kinder weniger sensibel sind und dazu neigen, andere zu beschuldigen, fällt es ihnen möglicherweise schwer, selbst Schuld zu empfinden. Eine gesunde Gewissensentwicklung erfordert auch ein gesundes Schuldempfinden.

In diesem Fall müssen wir als Eltern darauf achten, die Schuld, die diese Kinder empfinden, nicht herunterzuspielen. Die wirksamste Methode, Schuldgefühle einfach wegzuwischen, besteht in einer saftigen Bestrafung: Wenn ein Kind sich wegen eines bestimmten Vergehens echt schuldig fühlt, können eine harte Bestrafung oder körperliche Züchtigung dies Empfinden zerstören. Dies ist ein Grund, mit Strafen äußerst sparsam umzugehen. Tut einem Kind ein Fehltritt echt Leid, sollte man es *niemals* bestrafen. Bestraft man das Kind dennoch, verhindert man, dass sich sein Gewissen normal entwickelt, und nichts findet man heutzutage häufiger als mangelndes Gewissen. Eine der Hauptgründe dafür ist darin zu suchen, dass bei gleichzeitigem Mangel an bedingungsloser Liebe zu viel mit Strafe gearbeitet wird. Das Ergebnis dieser falschen Anwendung von Bestrafung ist eine wachsende Anzahl von schwierigen Menschen.

Unsere 75-Prozentler sind jedoch auch die geborenen Führungstypen. Auch deshalb müssen wir sie dazu befähigen, ihren Mitmenschen mit Liebe, Verständnis und einem gesunden Gewissen zu begegnen.

Wir haben als Eltern die wunderbare Möglichkeit, etwas Positives zu unserer Welt beizutragen. Einem gut erzogenen, ausgewogenen 75-Prozentler zu begegnen, ist ein wahres, aber seltenes Vergnügen, d. h. einem liebevollen, einfühlsamen, selbstlosen Menschen, dessen Gewissen gut entwickelt ist und dessen Ziel darin besteht, im Interesse des Allgemeinwohls und nicht nur zu seiner eigenen Ehre zu wirken. Welch lohnendes Ziel für Eltern, dazu beizutragen, dass Kinder sich zu solchen echten Leiterpersönlichkeiten entfalten!

AUTORITÄTSVERHALTEN

25%ler	75%ler
Pro-Autorität	Anti-Autoriät

11. Zorn und Christsein

Als Christen erleben wir den gleichen Stress und Schmerz wie Nichtchristen auch. Alle Menschen haben in ähnlicher Weise unter schmerzlichen Verlusten, Entbehrungen, persönlichen Ängsten sowie Erinnerungen an Ereignisse zu leiden, die man gern ungeschehen machen würde.

Wir wissen, dass wir als Menschen, die an Jesus Christus glauben, in mancher Hinsicht anders sein sollen als Nichtchristen, und wir hoffen, dass wir dies in Bezug auf unsere Reaktionen und Absichten auch sind. Manchmal glauben wir sogar, das „Siehe, ich mache alles neu“ sei bereits in uns und um uns abgeschlossen. Häufig müssen wir jedoch auch eingestehen, dass wir noch weit davon entfernt sind und dass das Vollkommene tatsächlich erst für die Zeit verheißen ist, da Jesus wiederkommen wird.

Diejenigen von uns, die schon seit vielen Jahren Christen sind, sollten gelernt haben, etliche Verhaltensweisen abzulegen, die Zorn verursachen. Wir haben Gottes Wort in der Heiligen Schrift sowie die Gemeinschaft mit anderen Christen, und in den meisten Situationen wissen wir, welches Verhalten Gott von uns fordert.

Im Zusammenleben von Christen finden wir jedoch im Leben und im Glauben gewisse Aspekte, die manchmal den Zorn noch verstärken und die Menschen dann dazu führen, Zorn zu verdrängen, anstatt sich damit auseinanderzusetzen.

Sie erinnern sich, wie wir in Kapitel zehn über 25- und 75-Prozentler und ihr unterschiedliches Autoritätsverhalten gesprochen haben. Nach meiner Beobachtung sind etwa drei Viertel der Bevölkerung von ihrer angeborenen Grundhaltung her eher gegen Autoritäten eingestellt, was sich jedoch nicht unbedingt in ihrem Verhalten manifestieren muss. Dieses Mischungsverhältnis von 25:75 finden wir jedoch nicht überall. Ein extremes Beispiel ist ein Gefängnis, wo man einen höheren Prozentsatz von Menschen finden wird, deren Verhalten gegen Autoritäten gerichtet ist.

Da die 25-Prozentler ohnehin schon eine Minderheit darstellen, scheint es eher unwahrscheinlich, dass sie an vielen Stellen eine Mehrheit darstellen. Einer solchen Situation begegnen wir jedoch an einem Ort, wo dies nicht so sein sollte – in der Gemeinde.

Wie Sie sich besinnen, sind 25-Prozentler wunderbare Menschen, doch sie wollen und müssen sich jemandem unterordnen, und viele von ihnen haben nicht in genügendem Maße selbstständig zu denken gelernt. Während dieses Bedürfnis nach Unterordnung und Leitung auf den ersten Blick wünschenswert erscheinen mag, bringt es aber nicht nur Vorteile für die einzelnen Gemeinden und das Reich Gottes. Außerdem spiegelt es keine biblische Lehre wider. Wenn in der Bibel davon die Rede ist, sich unterzuordnen, so gilt das nicht nur für solche, denen dies ein natürliches Bedürfnis ist, sondern für alle Menschen, einschließlich derjenigen, die unter

Schmerzen lernen mussten, dass auch sie sich unterzuordnen haben.

Die Gemeinde braucht dringend reife Christen aus der Gruppe der 75-Prozentler. Wir brauchen sie auf den Kirchenbänken, weil sie eine gesunde – und biblische – Skepsis mit in die Gemeinde bringen. Wenn sie gelernt haben, mit ihrem rebellischen Verhalten und ihrem Zorn in rechter Weise umzugehen, sind solche Leute genau diejenigen, die in Zeiten von Schwierigkeiten und Auseinandersetzungen für einen gesunden Ausgleich in den Gemeinden sorgen. Sie sind es, die verhindern können, dass machtgierige Menschen die Gemeinde ausnutzen. Reife Menschen aus der Gruppe der 75-Prozentler können die weitsichtigen und einfühlsamen Führer der Gemeinden werden, die wir in unseren Tagen brauchen.

Wir sehen, wie diese Leute ihre Gaben als Geschäfts- und Fachleute auf den verschiedensten Gebieten einsetzen. Warum finden wir dann so auffallend wenige Vertreter dieser Gruppe in den Gemeinden? Und warum bringen so viele Christen, die regelmäßig die Gottesdienste besuchen, ihre Gaben nicht im Dienst innerhalb der Gemeinde ein?

Gewiss gibt es keine einheitliche Antwort auf diese Fragen. Es ist jedoch allgemein bekannt, dass manche Leute durch das Verhalten gewisser Pfarrer oder Gemeindeleiter abgestoßen werden und dass bestimmte Gruppen von Christen entmutigt werden, ihre Fähigkeiten in die Gemeinden einzubringen.

Wenn es in einer Gemeinde kein natürliches Gleichgewicht verschiedener Typen gibt und wenn solche Leute fehlen, die Führungsqualitäten besitzen, wird es vermutlich mehr Ärger und größere Schwierigkeiten geben, weil man in Situationen gerät, die niemand zu klären vermag, und anschließend Emotionen unverarbeitet zurückbleiben. Ebenso werden Menschen, die ihre von Gott anvertrauten Gaben nicht einsetzen können, am Ende verärgert sein.

Verwirrung in Bezug auf „Zorn"

Obwohl wir in der Bibel viele Beispiele von Zorn finden und an keiner Stelle ein Hinweis darauf zu finden ist, dass Menschen nicht zornig werden, gibt es dennoch viele Christen, die die Heilige Schrift so auszulegen scheinen. Die Gründe dafür sind in Versen wie z. B. Psalm 37,8 zu suchen, wo es heißt: „Steh ab vom Zorn und lass den Grimm ..."

Die meisten Christen, die ich kenne, sind der Meinung, dass Zorn sündhaft sei. Wenn sie normalen Zorn empfinden, geschehen folgende zwei Dinge: Sie sind erstens der Meinung, dass dies Gott missfällt, und fühlen sich dadurch schuldig. Dieses Schuldgefühl mindert ihr Selbstbewusstsein, so dass sie sich unwürdig fühlen. Viele Christen neigen aufgrund ihrer besonderen persönlichen Veranlagung zur Depression, die sich im Laufe der Zeit vertiefen und die Ursache für gesteigerten Zorn werden kann.

Der gesteigerte Zorn führt zu der zweiten Konsequenz – dem Verdrängen des Zorns. Während diese Menschen ihren Zorn auf ungesunde Weise unterdrücken, muss ihr Unterbewusstsein einen Weg finden, mit diesem Zorn fertig zu werden, und ein Ventil dafür finden. Meist besteht dieses Ventil in passiver

Aggression. Wir haben gesehen, dass sich passiv-aggressives Verhalten oft gegen Autoritätspersonen richtet, die überhaupt nichts mit der eigentlichen Ursache des Zorns zu tun haben.

So sind wir also in der Gemeinde manchmal mit Menschen zusammen, die ihren Zorn verleugnet und so lange in sich aufgestaut haben, bis er ein geeignetes Opfer findet, auf das sich die passive Aggression richten kann. Wer wird wohl zur Zielscheibe, wenn dieser verdrängte Zorn zum Ausbruch kommt? Sie haben Recht – der Pfarrer!

Pfarrer in Gefahr

Der Pfarrdienst hat sich zu dem Beruf entwickelt, der den meisten Stress mit sich bringt. Wir leben in einer Gesellschaft, in der rebellisches Verhalten so weit verbreitet ist, dass es auch in den Gemeinden Einzug gehalten hat. Es zeigt sich z. B. unmissverständlich in der Art und Weise, wie wir mit unseren Pfarrern umgehen. Sie stehen für jedermann sichtbar als Autoritätsperson in der Öffentlichkeit und bilden so ein natürliches Ziel passiv-aggressiv ausgedrückten Zorns.

Dieses Problem wird sich nie von selbst lösen; je länger passiv-aggressive Menschen ihren Pfarrer kennen, umso schlimmer wird sich ihr Verhalten äußern. In einem solchen Fall kann jemand tun und lassen, was er will, er wird sich dem wachsenden, unterschwelligen Groll, dem Widerstand und den Angriffen der Menschen nicht entziehen können, denen er zu dienen versucht.

Ich habe viele Pfarrer beraten, die unter dieser Last zerbrochen sind. Gemeindeglieder, die nicht an den Attacken beteiligt sind, übernehmen jedoch in der Regel keine Verantwortung für die Tragödie, sondern rechtfertigen vielmehr das Verhalten der passiv-aggressiven Gemeindeglieder.

John Keaton war Pfarrer einer Gemeinde, der ich mit meiner Familie vor etlichen Jahren angehörte. Er war ein aufrichtiger, lieber Mensch, der bereits siebzehn Jahre in der Gemeinde diente und den meine Familie und ich auch persönlich näher kennen gelernt hatten. Er war ein ausgesprochen selbstloser Mann, der sich von materiellem Wohlstand nicht beeindrucken ließ. In all den Jahren hatte er seine Gemeinde durch Höhen und Tiefen, in Freud und Leid als treuer Hirte begleitet.

Mir fällt es immer noch schwer zu glauben, wie Charles Miller, ein führendes Mitglied der Gemeinde, John Keaton in all den Jahren quälen konnte. Charles Miller war überall im Ort bekannt, weil er ein liebenswerter Mensch war, der mit seiner gewinnenden Art gut mit anderen umzugehen verstand. Außerdem war seine Meinung in christlichen Kreisen geschätzt.

Ich hätte gemeint, Charles Miller könnte mit seinem Einflussbereich zufrieden sein. Er konnte es jedoch nicht lassen, den Pfarrer beinahe täglich zu kritisieren, indem er ihn als „liberal“ bezeichnete und behauptete, dass er nicht „das Wort predigen würde“ und man „ihn am besten entlassen sollte“. In all den Jahren hat Pfarrer Keaton auf keinerlei Weise Vergeltung geübt.

Leider schloss sich dann eine Familie mit einem ähnlich extremen Standpunkt unserer Gemeinde an. Der Ehemann, Michael Keen, hielt sich ebenso wie Charles Miller mit verurteilenden Worten über den Pfarrer nicht zurück, doch er ging noch einen Schritt weiter. Nachdem er in den Kirchenvorstand gewählt worden war, nutzte er diese Position aus und äußerte seine Kritik an dem Pfarrer gegenüber anderen Kirchenvorstandsmitgliedern.

Schließlich unterbreitete Michael einigen Gemeindegliedern, auf die er Einfluss auszuüben glaubte, den Vorschlag, dass die Gemeinde Pfarrer Keaton zur nächsten Vorstandssitzung kündigen solle. Natürlich hatte Michael Keen Familien wie uns, die treu hinter dem Pfarrer standen, nicht eingeweiht. Glücklicherweise waren wir genug Leute, die die Situation durchschauten, und es gelang uns, die Angelegenheit zu klären und die denkenden Leute in der Gemeinde davon zu überzeugen, dass ein solcher Schritt unsere Gemeinde zerstören und ein unwürdiges Ende eines wunderbaren Dienstes bedeuten würde.

Mit seiner gütigen Art gelang es John Keaton, die Krise zu überwinden, und er blieb noch weitere drei Jahre in unserer Gemeinde, bevor er einen Ruf in eine andere Gemeinde annahm. Ich danke Gott, dass er den Versuchungen durch das passiv-aggressive Verhalten widerstehen konnte und er nicht gehen musste. John Keaton ist heute noch im Pfarrdienst.

Tausenden Geistlichen gelingt es jedoch nicht, die Dinge so zu verkraften wie John Keaton. In ihrem Buch *Pastors at Risk* berichten H. B. London, Jr. und

Neu B. Wiseman von den Ergebnissen einer Umfrage unter Pfarrern, die 1991 vom amerikanischen Fuller Institut für Gemeindewachstum durchgeführt wurde:

90 Prozent der Pfarrer arbeiten mehr als 46 Stunden pro Woche
80 Prozent glauben, dass der Pfarrdienst ihre Familien negativ beeinflusst hat
33 Prozent gaben an, dass der Pfarrdienst ihre Familien direkt gefährdet
75 Prozent berichteten, in ihrem Dienst mindestens einmal durch eine von Stress verursachte Krise gegangen zu sein
50 Prozent fühlten sich nicht in der Lage, den Anforderungen ihres Dienstes gerecht zu werden
90 Prozent waren der Meinung, in ihrer Ausbildung nicht genügend auf die Anforderungen ihres Dienstes vorbereitet worden zu sein
70 Prozent gaben an, dass ihr Selbstbewusstsein während ihrer Dienstzeit negativ beeinträchtigt wurde
40 Prozent berichteten, wenigstens einmal im Monat einen ernsthaften Konflikt mit einem Gemeindeglied austragen zu müssen
37 Prozent bekannten unangemessene sexuelle Kontakte mit Gemeindegliedern
70 Prozent haben niemanden, den sie als engen Freund bezeichnen würden.

Die Umfrage ergab ebenso, dass 40 Prozent der Pfarrer während der zurückliegenden drei Monate darüber nachgedacht hatten, aus dem Pfarrdienst auszuscheiden. Sie fühlten sich im Sog einer komplexer werdenden Arbeit gefangen, wobei die Betonung sich immer weiter weg von geistlichen Werten in Richtung Zahlen und Verwaltung verschob. In dem eben erwähnten Buch heißt es weiter:

> *Hauptamtliche kirchliche Mitarbeiter sehen sich gegenwärtig einem zweifachen Angriff ausgesetzt – einem von innen und einem von außen. Innerhalb der Gemeinden haben sich viele Gläubige in den Fängen der Säkularisierung verstrickt. Pfarrer werden täglich mit dem Zerbruch von Familien, mangelnder Hingabebereitschaft, oberflächlichem Engagement und einem Konsumdenken innerhalb der Gemeinden konfrontiert, bei dem Opfer, Leiden und Dienstbereitschaft keine Rolle mehr spielen. Man gebraucht noch vertraute alte Worte, ihr neuer Inhalt bezieht sich jedoch auf einen Jesus, der für Glück und Zufriedenheit sorgt und keinerlei Forderungen an unser Verhalten und unseren Besitz stellt. Dem Feind ist es gelungen, die Gemeinden zu säkularisieren, ohne dass wir es überhaupt bemerkt haben.*
>
> *Außerhalb der Gemeinden begegnet den Pfarrern ein neues, dunkles Zeitalter, wo die Massen nicht mehr viel vom christlichen Glauben wissen, der Erfolg König ist und Glaubensdinge den Durchschnittsbürger weit weniger interessieren als alle Arten von Unterhaltungsangeboten. Die säkularisierten Massen sind einfach nicht fähig, die Situation zu begreifen. Ob-*

gleich sie zuweilen Pfarrern gegenüber großmütig sind, denken sie im Grunde genommen doch, dass diese ihr Leben für eine lächerliche Sache verschwenden.

Ein Grund, weshalb Pfarrer zur Zielscheibe des Zorns ihrer Gemeindeglieder werden, besteht eigenartigerweise darin, dass einige Gläubige besonders „pflichtbewusst“ sind. Das ist doch wirklich sonderbar, oder? Wir müssen daran denken, dass sich Wesenszüge in der einen Situation positiv und in einer anderen negativ auswirken können. Pflichtbewusstsein ist im Allgemeinen ein positiver Charakterzug, der sich jedoch auch zerstörerisch auswirken kann, wenn man ihn missbraucht.

Pflichtbewusstsein wird negativ, wenn es durch ehrgeiziges oder rebellisches Verhalten fehlgesteuert wird, wenn z. B. ein Gemeindeglied seine Dienstbereitschaft dafür missbraucht, sich über den Pastor zu stellen und dadurch dessen Einsatz und Arbeit untergräbt. Weil dies heutzutage immer häufiger der Fall ist, werden reife, klar denkende Christen gebraucht, die den Dienst in den Gemeinden vor dem Wirken „besonders pflichtbewusster“ (passiv-aggressiver) Christen bewahren.

Erinnern Sie sich daran, wie die Jünger Jakobus und Johannes zu Jesus kamen, um ihn um einen besonderen Gefallen zu bitten? Als er sie fragte, was er für sie tun sollte, antworteten sie:

„Gewähre uns, dass wir einer zu deiner Rechten und einer zu deiner Linken sitzen in deiner Herrlichkeit. Jesus aber sagte zu ihnen: Ihr wisst nicht, worum ihr

bittet. Könnt ihr den Kelch trinken, den ich trinke oder euch taufen lassen mit der Taufe, mit der ich getauft werde? Sie sagten ihm: Ja, das können wir. Jesus aber sagte zu ihnen: Ihr werdet den Kelch trinken, den ich trinke, und getauft werden mit der Taufe, mit der ich getauft werde, aber euch zu gewähren, zu meiner Rechten oder zu meiner Linken zu sitzen, das steht mir nicht zu, sondern das wird allein denen zuteil, für die es bestimmt ist. Als das die zehn hörten, wurden sie unwillig über Jakobus und Johannes. Da rief Jesus sie zu sich und sagte zu ihnen: Ihr wisst, dass die, die als Herrscher Ansehen haben, ihre Völker niederhalten und ihre Mächtigen ihnen Gewalt antun. Aber so ist es unter euch nicht; sondern wer unter euch groß sein will, der soll euer Diener sein; und wer unter euch der Erste sein will, soll aller Knecht sein.“

(Markus 10,37-45)

Ist das nicht ein klassisches Beispiel? Jakobus und Johannes, die „Söhne des Donners oder Zorns“, waren so „pflichtbewusst“, dass sie „geistlicher“ sein wollten als die anderen Jünger. Genau das haben auch Charles Miller und Michael Keen getan. In ihrem Bestreben, „pflichtbewusste Christen“ zu sein, wollten sie „geistlicher“ sein, indem sie sich über ihren Pfarrer stellten. Tragischerweise werden gerade solche Pfarrer, die ihren Gemeinden wirklich *dienen* wollen, oft Opfer von Intrigen seitens der Gemeindeglieder. Warum? Weil es leichter ist, einen Pfarrer zu kritisieren und auszunutzen, der einfühlsam, liebevoll und bescheiden ist.

Das ist nicht der Typ des Pfarrers, der uns im Fernsehen oder im Radio begegnet, und wir sind schnell geneigt, die Pastoren unserer Gemeinden mit diesen Predigern mit „magnetischen" Fähigkeiten zu vergleichen. Außerdem kennen wir unsere Pfarrer und ihre Familien nur allzu gut – einschließlich ihrer Schwächen. Wie Jesus selbst gesagt hat: „Ein Prophet gilt nirgends weniger als in seinem Vaterland ..." (Markus 6,4)

Worin besteht die Herausforderung?

Man könnte den Eindruck gewinnen, dass dieses Kapitel in einem Buch über Kinder und Zorn nicht zum Thema gehört. Ich bin jedoch anderer Meinung, denn möglicherweise gehören Sie mit Ihrer Familie zu einer Gemeinde, in der Sie mit ähnlichen Problemen konfrontiert werden. Außerdem hören wir alle davon, wie geistliche Ämter auf den verschiedensten Ebenen missbraucht werden. Weil Gott selbst unser Charakter so wichtig ist, sollten wir besonders innerhalb unserer Gemeinde ein waches Auge für charakterliche Eigenarten Einzelner haben. Ein wesentlicher Bestandteil des Charakters ist Integrität. Sie erinnern sich, dass Integrität einschließt, die Wahrheit zu sagen, seine Versprechen zu halten und Verantwortung für sein Verhalten zu übernehmen. Diese Anforderungen gelten für alle, auch den Pastor und die Ältesten.

Passive Aggression und Machthunger untergraben vielerorts das Gemeindeleben. Mangelnde elterliche Erziehung hat häufig mit dazu beigetragen, dass Menschen von diesen zerstörerischen Kräften erfasst und geprägt wurden. Das bedeutet nun aber nicht, dass allein die Eltern solch schwieriger Menschen die Schuld trifft. Eltern können die Aufgabe der Kindererziehung nicht allein bewältigen. Es erfordert viel Weisheit, Kinder zu integren Persönlichkeiten zu erziehen. Vielen Eltern mangelt es einfach an den nötigen Informationen und Einsichten darüber, was Kinder brauchen.

Ich habe mich zu diesem schwierigen und riskanten Kapitel entschlossen, weil ich Eltern helfen will, die Dynamik der Wechselbeziehungen an einer für sie und ihre Kinder so wichtigen Stelle wie der Gemeinde zu erkennen. Als Eltern möchten wir, dass unsere Kinder in der Gemeinde positive Erfahrungen machen, die dazu beitragen, näher zu Gott zu kommen und so zu leben, wie Gott es haben will. Wir möchten, dass aus unseren Kindern Menschen werden, die offene Augen für andere haben und die mehr dienen wollen, als sich dienen zu lassen.

Wie sieht die Zukunft aus?

Nachdem wir unsere 75-Prozentler eine Zeitlang verlassen haben, wollen wir jetzt wieder auf sie zu sprechen kommen, denn wir brauchen sie unbedingt für die Zukunft. Wir erinnern uns, dass sie in der Weise rebellisch veranlagt sind, dass sie keine Autoritäten über sich brauchen, um sich wohl zu fühlen. Sie sind nicht auf Lob und Anerkennung durch Autoritätspersonen angewiesen.

Diese jungen Leute sind die künftigen Führungspersönlichkeiten. Doch während sie heranwachsen, lauern einige Gefahren auf sie. Diejenigen unter ihnen, die stark von unserer Gesellschaft beeinflusst werden und es außerdem nicht gelernt haben, angemessen mit ihrem Zorn umzugehen, werden passiv-aggressiv. Verharren sie in ihrem rebellischen Verhalten, werden sie die Gemeinde vermutlich verlassen.

Doch es ist möglich, dass solche Kinder gute Führungsqualitäten entwickeln und auch in der Lage sind, ihre eigenen Konflikte zu meistern. Ein klar denkender 75-Prozentler, der ein reifer Christ ist, mit seinem Zorn richtig umzugehen versteht und einen Dienst in echter Liebe und Hingabe tut, ohne dabei machthungrig zu werden, ist eine echte Seltenheit. In unseren Tagen braucht die Gemeinde Christi solche Leute mehr als je zuvor.

Und wir hoffen und beten, dass alle unsere Kinder klar und nüchtern denken lernen, dass sie in der Lage sind, eigene Entscheidungen zu treffen und mit ihrem Zorn richtig umzugehen. Wir möchten, dass unsere Kinder unterscheiden können zwischen rechtmäßiger, verantwortlicher geistlicher Autorität und machthungrigen Pastoren, die ihre eigene Ehre suchen, ohne sich irgendjemandem gegenüber verantwortlich zu fühlen. Nur dann wird die Gemeinde ein Ort der Hoffnung, Ruhe, Erneuerung und Anbetung sein und den geistlichen Einfluss auf die Gesellschaft ausüben können, wie Jesus Christus es will.

Mein Gebet ist es, dass jedes Kind eine Gemeinde haben möchte, in der es sich wohl fühlen und gute Erfahrungen machen kann, um in der Erkenntnis Gottes zu wachsen und zu reifen.

12. Kinder mit besonderen Problemen

Es gibt einen kleinen Prozentsatz von Kindern, bei denen nichts zu funktionieren scheint. Eltern und Lehrer können tun, was sie wollen, die betreffenden bleiben „Problemkinder“. In den letzten Jahrzehnten haben wir mehr über bestimmte Arten von Behinderungen herausgefunden, die Kinder in hohem Maße benachteiligen und in Familien wie in Schulen Verwirrung stiften können. Vielleicht erinnern Jonas, Michel und Felix Sie an Kinder aus Ihrer Umgebung.

Jonas

Jonas war ein fröhlicher kleiner Junge. Von seiner Geburt bis zum Alter von etwa sieben Jahren schien er keinerlei besondere Probleme zu haben. Er lernte laufen, so wie alle anderen Kinder auch, und begann auch zur richtigen Zeit zu sprechen. Er wurde schnell sauber, und allem Anschein nach war er ein ganz normales Durchschnittskind.

Aber niemand erkannte, dass er alles auswendig lernte, um jeden Tag neu in der Schule bestehen zu können. Seine Mutter Emily, eine sehr aufmerksame und einfühlsame Frau, merkte, dass etwas nicht stimmte, fand jedoch niemanden, der ihr weiterhelfen konnte. Alle sagten nur: „Jungs sind halt Jungs.“

Am Ende der zweiten Klasse wurde Jonas immer

schwieriger. Oft beschuldigte er seine Mutter, sie würde ihn nicht wirklich lieben, und er stritt ständig mit ihr. Emily hatte das Gefühl, sich nie mehr wirklich entspannt wie von Mutter zu Sohn mit Jonas unterhalten zu können.

In der dritten Klasse, als der Lernstoff immer abstrakter wurde, bekam Jonas schulische Probleme. Er versuchte weiter, alles auswendig zu lernen, schaffte es jedoch einfach nicht mehr und bekam schlechte Noten. Verzweifelt strengte er sich noch mehr an beim Lernen, denn er wollte wirklich gute Leistungen erzielen. Einen Monat lang schaffte er es tatsächlich auch, doch war er durch die enorme Anstrengung so erschöpft, dass er diesen Stil nicht mehr länger durchhalten konnte. Dann begannen seine Noten wieder abzufallen; er bekam Angst und wurde depressiv.

Jonas' Konzentrationsfähigkeit ließ immer mehr nach, und er hatte Schwierigkeiten, sich die einfachsten Aufgaben zu merken. Nun wurde auch sein Verhalten auffällig, sowohl in der Schule als auch zu Hause. Er entwickelte außerdem kleine, seltsame Körperbewegungen, die jedoch bei einem aktiven Kind versteckt genug waren, um nicht erkannt zu werden. Er sagte seiner Mutter, dass er sich sein Haar lang wachsen lassen wollte. Der Grund dafür war, dass er sich die Haare aus den Augen schnippen und damit seine nervösen Bewegungen verbergen konnte. Außerdem begann er, mit den Füßen zu scharren und mit den Absätzen zu klopfen. Wie Sie unschwer erraten, schaffte Jonas die dritte Klasse nur mit großer Mühe.

Zu Beginn des vierten Schuljahrs hatte er noch

mehr Probleme, den Stoff zu verarbeiten, und sein Verhalten veränderte sich weiter – er wurde immer trotziger und war zunehmend schwieriger zu leiten. Als Jonas Wutanfälle bekam, kamen seine Eltern mit ihm zu mir in die Sprechstunde.

Nach der Auswertung verschiedener Tests erkannten wir, dass er ein depressives Kind mit geringem Selbstwertgefühl war. In seinem Unterbewusstsein hatte er den Eindruck, dass niemand ihn wirklich liebte. Außerdem hatte er jede Menge Zorn in sich aufgestaut, besonders gegen Autoritätspersonen. In seinem schlechten Benehmen gegenüber den wichtigsten Autoritätspersonen in seinem Leben – seinen Eltern und Lehrern – begann sich passive Aggression zu manifestieren.

Wir entdeckten drei Gründe, weshalb Jonas so viele Schwierigkeiten in der Schule hatte. Erstens hatte er *Wahrnehmungsprobleme.* Die Informationen, die in seinem Geist ankamen, konnten nicht richtig verarbeitet werden, und deshalb war der schulische Stoff für ihn so verwirrend. Zweitens war er *depressiv,* und Depressionen können durch die sie begleitende herabgesetzte Konzentrationsfähigkeit Lernprobleme verursachen oder diese verstärken. Drittens verhielt er sich *passiv-aggressiv.* Er lehnte sich gegen Autoritäten auf, indem er vorsätzlich – aber unbewusst – schlechte Noten erzielte.

Zu dem Zeitpunkt, als Jonas zu mir in die Beratung kam, hatte er bereits auf allen Gebieten seines Lebens Probleme. Seine Lernschwierigkeiten waren zu einer Lebenskrise geworden. Sein rebellisches Verhalten war ebenfalls außer Kontrolle geraten. So jung wie er noch war, richtete er sich bereits gegen alles, was seinen Eltern wertvoll war, geistliche Werte eingeschlossen. Gottesdienst und Sonntagsschule waren ihm verhasst, und in seiner Klasse war er ein ständiger Störenfried.

Wir begannen, Jonas' Depressionen zu behandeln und leiteten seine Eltern im Umgang mit seinem Zorn in der Weise an, dass sie ihn ermutigten, seinen Zorn nach außen zu lenken, damit er seine zerstörerische Wirkung in Jonas' Innerem nicht weiter fortsetzen konnte. Nachdem diese Schritte vollzogen waren, suchten wir nach entsprechender Hilfe für seine Lernprobleme selbst.

Nach einigen Monaten hatte Jonas viele Fortschritte gemacht; er konnte seinen Eltern ein liebevolles Kind sein und seinerseits die Liebe empfangen, die seine Eltern ihm so gern schenken wollten. Zuwendung war etwas Wünschenswertes für ihn geworden, und weil er eine positive Selbsteinschätzung zu entwickeln begann, konnte er allmählich glauben, dass seine Eltern ihn wirklich liebten.

In Jonas' Behandlung bezogen wir auch eine Lern- und Erziehungstherapeutin ein, die sich mit der passiv-aggressiven Anti-Lernhaltung, die sich in Jonas herausgebildet hatte, befasste.

Die Therapeutin arbeitete als erstes daran, eine persönliche Beziehung zu Jonas aufzubauen, die sie anschließend als Grundlage benutzte, eine positivere Einstellung zur Schule zu entwickeln.

Außerdem sorgte sie dafür, dass Jonas spezifische Lernhilfen bekam, und beriet seine Lehrer, wie sie ihn dabei unterstützen konnten, zu einer positiven

Einstellung zu sich selbst und zum Lernen zu finden.

In dem Maße, wie sein aufgestauter Zorn abgebaut wurde und seine Depression verschwand, entwickelte sich auch seine passiv-aggressive und rebellische Neigung zurück. Zum ersten Mal war er für geistliche Lehren empfänglich.

Jonas ist in der glücklichen Lage, eine aufmerksame und einfühlsame Mutter zu haben, die sich mit der Antwort „Jungs bleiben halt Jungs" nicht zufrieden gab. Emily und ihr Mann haben in der Zusammenarbeit mit mir und der Lerntherapeutin keine Anstrengungen gescheut, damit Jonas bessere Chancen für sein Leben bekommt. Mit Geduld und Zeit und durch ihr Vorbild werden sie dazu beitragen können, dass Jonas sich zu einem ausgeglichenen Erwachsenen entwickelt, der auch ihre geistlichen Werte übernehmen möchte.

Kinder mit Wahrnehmungsschwierigkeiten

Neben den Problemen, mit denen alle Kinder und Jugendlichen fertig werden müssen, sehen sich Kinder mit Wahrnehmungsbehinderungen zusätzlichen Schwierigkeiten gegenüber.

Weil das Leben für sie immer schwerer wird, neigen sie dazu, auf allen Gebieten widerspenstig und rebellisch zu werden. Mit zunehmendem Alter stehen sie in der Gefahr, Verbrechen zu begehen. Eine kürzlich veröffentlichte Studie zeigt, dass männliche Jugendliche mit diagnostizierter Wahrnehmungsbehinderung eher straffällig werden. Das Risiko ist tatsächlich um 220 % höher als bei ihren Altersgenossen ohne Wahrnehmungsstörungen.

Kinder mit Wahrnehmungsproblemen sind in der Regel depressiv, und Depressionen wollen wir bei Kindern und Teenagern um jeden Preis verhindern. Je depressiver ein Kind ist, umso zorniger wird es. Depressionen verursachen Zorn, und zornige Kinder werden schneller passiv-aggressiv.

Bevor wir solchen Kindern irgendwelche Werte vermitteln können, müssen wir ihnen helfen, ihren Zorn und ihre Depressionen zu überwinden. Wir müssen ihnen zeigen, dass wir sie bedingungslos lieben und ihre spezifischen Probleme zu verstehen versuchen. Nur dann sind wir auf dem richtigen Weg, ihnen zu helfen, echte Beziehungen aufzubauen, auch die alles entscheidende Beziehung zu Jesus Christus.

Konzentrationsstörung und hyperkinetisches Syndrom (ADD und ADHD)

In den letzten Jahren wurden wesentliche Fortschritte bei dem Erkennen von Funktionsstörungen bei Kindern erzielt. Konzentrationsstörungen und das hyperkinetische Syndrom sind in weiten Kreisen bekannt. Das Erscheinungsbild dieser Störungen ist sehr komplex, aber es gibt inzwischen auch viele Laien, die sich genügend Wissen darüber angeeignet haben, um solchen Kindern helfen zu können. Für die weitere Lektüre ist es hilfreich, die graphische Darstellung am Ende dieses Kapitels zu betrachten.

Da diese beiden Störungen so viele Ähnlichkeiten aufweisen, möchte ich sie im Zusammenhang betrachten. Innerhalb beider Kategorien entwickeln Kinder unangemessene und destruktive Formen im Umgang mit Zorn. In beiden Gruppen finden wir auch zwei neurologische Probleme – Wahrnehmungsschwierigkeiten und Konzentrationsstörungen. Beim hyperkinetischen Syndrom kommt das Element der Hyperaktivität hinzu, ich gehe jedoch davon aus, dass Hyperaktivität und Aufmerksamkeitsstörung in engem Zusammenhang stehen.

Ein Kind, das an Konzentrationsstörung leidet, kann seine Aufmerksamkeit nicht lange genug auf eine Sache richten, um gut lernen zu können. Seine Gedanken wandern von einer Ablenkung zur anderen; das Kind erscheint ruhelos, unbeteiligt und unbeholfen – hyperaktiv.

Ein Kind mit hyperkinetischem Syndrom hat echte Probleme, sich auf Vater oder Mutter zu konzentrieren. Das macht es wiederum für die Eltern schwierig, die Aufmerksamkeit des Kindes lange genug aufrechtzuerhalten, um positive Gefühle der Liebe und Zuwendung zum Ausdruck zu bringen. Die Eltern sind außerdem gezwungen, sich in erster Linie auf die Probleme des Kindes zu konzentrieren und somit stets der Versuchung ausgesetzt, dem Kind gegenüber negative Gefühle zum Ausdruck zu bringen.

Der Teufelskreis setzt sich fort, indem das Kind, weil es sich ungeliebt und nicht angenommen fühlt, Zorn gegen die Eltern hegt, und die Eltern, frustriert darüber, ihrerseits ihren Groll gegen das Kind richten. Außerdem verspürt das Kind aufgrund seines „Versagens“ Zorn gegen sich selbst. Die zunehmende Depression lässt den Groll im Inneren des Kindes weiter anwachsen.

Ich verabreiche Kindern nur ungern Medikamente, doch manchmal ist es klug und hilfreich, dies zu tun. Der Wirkstoff Methylphenidat ist oft für Kinder mit hyperkinetischem Syndrom gut geeignet und kann ihre Aufmerksamkeit auf ein normales Maß erhöhen, so dass die Kinder in der Lage sind, sich auf die elterliche Liebe zu konzentrieren. Ich habe unzählige Kinder erlebt, die nach der Einnahme des Wirkstoffs zum ersten Mal in der Lage waren, die Liebe ihrer Eltern anzunehmen. Natürlich ist die bedingungslose Liebe der Eltern, die sich im Blick- und Körperkontakt äußert, der wichtigste Faktor, um den emotionalen Tank eines Kindes gefüllt zu halten. Wenn das Kind jedoch Probleme hat, diese Liebe aufzunehmen, weil es an Konzentrationsstörung leidet, kann dieser Wirkstoff Hilfe bieten. Ich empfehle Ihnen jedoch, in dieser Frage zuvor Ihren Arzt oder Psychotherapeuten zu Rate zu ziehen.

Der andere neurologische Faktor im Zusammenhang mit dem hyperkinetischen Syndrom sind *Wahrnehmungs- oder Sinnesstörungen.* Das Kind nimmt mit einem oder mehreren seiner fünf Sinne Dinge nicht richtig wahr oder missversteht sie. Das trifft insbesondere auf das Sehen und Hören zu, das Kind deutet Gesehenes und Gehörtes falsch oder nimmt es nicht richtig wahr. Eine verbreitete Wahrnehmungsstörung besteht darin, die Umkehrung oder das Spiegelbild eines Buchstabens oder eines Wortes wahrzunehmen. Das Kind sieht beispielsweise Emma anstelle von Amme oder b anstelle von d. Diese

Wahrnehmungsstörung kann zu einer Lesestörung, *Dyslexie,* führen.

Ein Kind mit Wahrnehmungsproblemen wird außerdem Schwierigkeiten haben, die Gefühle, die ihm entgegengebracht werden, richtig einzuordnen, und es wird dazu neigen, diese Gefühle negativ aufzunehmen. Das ist der Grund, weshalb wahrnehmungsgestörte Kinder das Gefühl haben, ihre Eltern oder andere Bezugspersonen würden sie nicht lieben. In den meisten Fällen werden die Kinder wirklich geliebt, aber sie empfinden es nicht so und werden dadurch zornig und depressiv.

Kinder mit hyperkinetischem Syndrom sind sowohl in der Kindheit als auch als Teenager besonders depressionsgefährdet. Diese Depressionen sind bei Kindern besonders schwer zu erkennen, weil sie nicht so offenkundig zutage treten wie bei Erwachsenen. Meist beginnen sie, wenn das Kind sieben oder acht Jahre alt ist, und verschärfen sich so lange, bis in der vierten Klasse schwerwiegende Probleme sichtbar werden.

Kindliche Depression führt zu Konzentrationsschwächen, die natürlich eine bereits vorhandene Störung noch verschlimmern. So führt Depression in der Kindheit dazu, dass Kinder sich nur schwer konzentrieren, sich kaum etwas merken und klar denken können. Außerdem entsteht dadurch unheimlich viel Zorn, der zu passiv-aggressivem Verhalten führen kann.

Depression bei Teenagern ist meist schwer wiegend und äußert sich in einer Reihe von Problemen. Glücklicherweise hat die Medizin in der Diagnose und

Behandlung von Depression bei Kindern und auch bei Teenagern gute Fortschritte gemacht. Wie viele andere Ärzte verschreibe ich solchen Kindern zwei verschiedene Medikamente – eines, wie bereits erwähnt, um die Aufmerksamkeitsspanne zu verlängern, und ein zweites, um Depression entgegenzuwirken. Ich schätze Antidepressiva, weil sie sicher sind, nicht zur Abhängigkeit führen und auf „natürliche" Weise wirken. Das heißt, dass sich das Kind durch diese Medikamente nicht nur gut fühlt, sondern dass außerdem das durch Depression gestörte biochemische Gleichgewicht wiederhergestellt wird – die Konzentration von drei Hormonen, Norpinephrin, Dopamin und Serotin. Ich habe erlebt, wie Kinder und Jugendliche, wenn nichts anderes half, durch Antidepressiva aus ihre Depression herausgeholt wurden.

Leider glauben viele Menschen, dass wahrnehmungsgestörte Kinder faul, stur oder einfach nur „dumm" seien. Sie begreifen nicht, dass solche Kinder Informationen aus ihrer Umwelt nicht in gleicher Weise wahrnehmen wie „normale" Kinder.

Stellen Sie sich das Dilemma eines solchen Kindes vor. Es ärgert sich, weil es seine Schulaufgaben nicht versteht und seine Eltern an ihm herumnörgeln, dass es sie nicht erledigt. Dadurch fühlt sich das Kind von den Eltern unverstanden. Außerdem kommt es mit seinen Kameraden nicht gut aus und fühlt sich isoliert. Wenn es in die Pubertät kommt, leidet es bereits an schweren emotionalen Störungen und Verhaltensauffälligkeiten.

Michel

Vor einigen Jahren besuchte ich eines Nachmittags ein Baseballspiel meines Sohnes Dale. Ich erkannte Michel, einen der Spieler in der gegnerischen Mannschaft, da er in jenem Jahr mit seinen Eltern bei mir in der Sprechstunde gewesen war. Mit seinen dreizehn Jahren war er wahrnehmungsgestört und der Schrecken der gesamten Nachbarschaft.

Ich fand genau in dem Augenblick, als Michel den Ball zu schlagen hatte, einen Platz neben Uwe, einem Mann aus Michels Nachbarschaft.

„Hallo, Uwe“, rief Michel, „welche Seite ist rechts? Ich glaube, ich schlage mit rechts. Der Junge, der gerade geschlagen hat, ist Linkshänder. Soll ich an der gleichen Stelle stehen wie er?“

„Nein, Michel“, rief Uwe ungeduldig. „Du musst dich auf die andere Seite des Schlagmals stellen!“

Uwe wandte sich zu mir: „Das ist doch zu dumm! Michel kann nicht die rechte Seite des Schlagmals von der linken unterscheiden!“

„Vielleicht hat er besondere Lernprobleme“, wandte ich ein.

„Die hat er gewiss! Wenn er nicht so stur wäre, könnte er gewiss etwas lernen!“

„Nein wirklich, Uwe“, fuhr ich fort, „es gibt tatsächlich Menschen, die rechts und links nicht unterscheiden können.“

„Das ist unmöglich. Ihm fehlt nichts anderes als von Zeit zu Zeit ein paar Schläge, die ihm nachhelfen!“

Armer Michel! Außer dem normalen Erfolgs- und

Kampfdruck im Spiel muss er noch mit der Frustration wegen seiner Wahrnehmungsschwierigkeiten und dem Verhalten eines nicht gerade verständnisvollen Nachbarn fertig werden. Glücklicherweise haben seine Eltern und Lehrer das Problem erkannt und helfen ihm.

Es ist äußerst wichtig, dass Eltern von Kindern wie Michel täglich dafür sorgen, dass der emotionale Tank ihrer Kinder gefüllt ist. Kinder mit Wahrnehmungsstörungen haben große Schwierigkeiten, positive Gefühle, die man ihnen entgegenbringt, als solche zu erkennen. Deshalb brauchen sie von den wichtigsten Bezugspersonen in ihrem Leben besonders viel Zuwendung und Liebe, Körperkontakt und konzentrierte Aufmerksamkeit.

Um Liebe weiterzugeben, suchen wir den Blickkontakt, der die visuelle Wahrnehmung einschließt, den Körperkontakt, der eine äußerst vielschichtige, umfassende Wahrnehmung bedeutet, und die konzentrierte Aufmerksamkeit, die Sehen, Hören und einen gewissen Grad an logischem Denken erfordert. Liegt bei irgendeiner dieser Sinneswahrnehmungen eine Behinderung vor, dann ist das Wahrnehmungsvermögen des Kindes gestört. Das kann dann bei dem Kind und auch bei dem Elternteil, das sich mitteilen möchte, zu Frustration führen.

Dabei leidet nicht nur das Kind, sondern auch die Eltern durchleben die gesamte Skala von Gefühlen, bis sie mit der Tatsache zurechtkommen, dass ihr Kind an einer Wahrnehmungsstörung leidet. Vielleicht beginnt es damit, dass sie das Problem zu leugnen versuchen. Dann holen sie die Meinung verschiedener Menschen ein. Sie ziehen sich zurück und glauben, dass niemand sie versteht.

Als Nächstes entwickeln sie Schuldgefühle und glauben, das Problem selbst verursacht zu haben. Sie hinterfragen ihre Erziehung: „Waren wir zu streng? Haben wir zu nachsichtig gehandelt?“ Danach kommt der Zorn. „Uns trifft bestimmt nicht die Schuld an dem Dilemma! Wir haben alles getan, was wir konnten! Der Arzt weiß möglicherweise überhaupt nicht, wovon er redet. Und die Schule erst – sie haben keine Ahnung, wie man Kinder richtig erziehen muss!“

Schließlich beginnen die Eltern einander zu beschuldigen. Wenn das Kind das erlebt, bekommt es Angst und wird noch depressiver. An dieser Stelle sollten Eltern, die ihrem Kind wirklich helfen wollen, eine Beratung aufsuchen. Dort wird man sie ermutigen, und sie werden die notwendigen Informationen erhalten, um richtig mit ihrem Kind und seinen spezifischen Problemen umzugehen. Wenn die Eltern neuen Mut und Hoffnung geschöpft haben, helfen sie gleichzeitig, Zorn und Depression des Kindes abzuschwächen.

Rick

Rick, ein hübscher zehnjähriger Junge mit dunklen Augen betrat mein Sprechzimmer, seiner Mutter Karin einige Schritte vorauseilend.

„Ich hoffe sehr, Sie werden herausfinden, was mit mir los ist, Herr Dr. Campbell“, erklärte er, „denn meine Mutter macht sich sehr viel Sorgen um mich. Manchmal weint sie sogar, und das möchte ich nicht.

Vielleicht können Sie ihr etwas sagen, was ihr die Sorgen abnimmt."

Was für ein wunderbares Kind!

Karin war allein erziehend. Ihr Mann hatte sie vor einem Jahr, genau zu der Zeit verlassen, als Ricks Probleme in der Schule auftraten. Sie nahm ihre Aufgabe als Mutter sehr ernst und versuchte alles für Rick zu tun, was in ihrer Macht stand.

Ricks Lehrer hatte ihr gesagt, dass mit ihm alles in Ordnung sei, außer dass er zu viel mütterliche Zuwendung erfuhr! „Sie versuchen zu sehr, die Abwesenheit seines Vaters auszugleichen, und verwöhnen ihn. Er kann lesen. Er stellt sich nur stur, um so viel Zuwendung wie möglich zu erhalten", behauptete der Lehrer überzeugt.

Um diese Meinung bereichert, schenkte Karin ihrem Sohn weniger Zuwendung, half ihm aber jeden Abend bei den Schulaufgaben. Sie erreichte nichts. Seine Verhaltensprobleme verschärften sich, und seine Noten wurden immer schlechter. Zu diesem Zeitpunkt kam sie mit Rick zu mir in die Sprechstunde.

Nachdem ich entsprechende Tests ausgewertet und Rick eingeschätzt hatte, bat ich ihn mit seiner Mutter in mein Sprechzimmer. „Nun, Rick, wir wollen mal sehen, was wir tun können, damit es dir und deiner Mutter wieder besser geht."

Ich ging die Tests mit ihnen durch und zeigte ihnen, dass Rick an einer visuellen Wahrnehmungsstörung und leichter Konzentrationsschwäche litt. „Aber mach dir keine Sorgen, Rick, du bist ein kluger Junge, und ich bin nicht der Meinung, dass du zu stur bist und nicht lesen willst. Ich will versuchen, dir zu helfen, und ich glaube, alles wird gut werden."

Ricks Augen leuchteten auf. „Hast du das gehört, Mutti! Ich bin doch nicht dumm! Du brauchst dir nicht mehr so viel Sorgen um mich zu machen!"

Rick fühlte sich sehr für den Kummer seiner Mutter verantwortlich. Nachdem wir die Behandlung begonnen hatten, konnte Rick zunächst einige seiner Schuldgefühle ablegen, die ihn noch depressiver gemacht hatten.

Berühmte Leute mit Aufmerksamkeitsstörung

Wenn ich mit Kindern arbeite, die an Aufmerksamkeitsstörung oder hyperkinetischem Syndrom leiden, erzähle ich ihnen und ihren Eltern gern von berühmten Leuten, die die gleichen Probleme hatten. Für mich sind es normale Kinder, die nur 150 Jahre zu spät geboren wurden und nun in Schulen gehen müssen, wo das Lernen für Kinder mit Wahrnehmungsproblemen schwierig ist.

Als es noch keine allgemeine Schulpflicht gab, konnten Kinder mit Wahrnehmungsschwierigkeiten auf ihre Weise lernen. Ich interessiere mich sehr für Geschichte, und vor einigen Jahren entdeckte ich, dass viele unserer berühmten Vorfahren Wahrnehmungsschwierigkeiten hatten. Am meisten beeindruckte mich Kit Carson. In New Mexico geboren und aufgewachsen, faszinierte mich die Art und Weise, wie er sich auf fast allen Gebieten des Pionierlebens im 19. Jahrhundert hervortat. Er war nicht nur an den bedeutendsten Ereignissen dieser Zeit im Südwesten beteiligt, sondern er hatte auch ein gutes Herz und liebte die Indianer. Die Amerikaner spanischer Abstammung hatten ihn gern, und er genoss den Respekt der politischen Führer seiner Zeit.

Verschiedene Leute schrieben Biographien über ihn, und schließlich veröffentlichte er eine Autobiographie. Weil sie kein großer Erfolg wurde, war es nicht einfach, ein Exemplar dieser Autobiographie zu finden. Als ich das Buch endlich aufgetrieben hatte, wurde mir bewusst, dass Carson Wahrnehmungsprobleme hatte. Bei meinem Besuch im Kit Carson Museum in Taos studierte ich wie gebannt seine Briefe und Aufzeichnungen, und ich begriff, warum seine Autobiographie zu seinen wenigen Misserfolgen zählte. Seine Schrift und sein Stil waren typisch für Menschen mit Wahrnehmungsproblemen, wie ich sie oft erlebt hatte.

Ich sage Kindern mit Aufmerksamkeitsstörung und ihren Eltern gern, dass fast alle Menschen, die an dieser Störung leiden, eine besondere Gabe oder Begabung besitzen. Leider können sich diese Gaben aufgrund der Probleme, die wir bereits besprochen haben, nicht immer entfalten. Die betroffenen Familien müssen wissen, dass diese Kinder ihre eigene, besondere Stärke haben. Ihre einzigartigen Gaben wird man jedoch nur entdecken und entfalten können, wenn die Eltern diese Kinder im richtigen Umgang mit ihrem Zorn anzuleiten verstehen. Nur so kann die trotzige Auflehnung, wie sie in passiver Aggression zum Ausdruck kommt, verhindert werden. Meist ist es diese Ausdrucksform von Zorn, die diese Kinder daran hindert, ihre Gaben zu entdecken und zu entfalten – die meist manueller Art sind, aber auch auf allen anderen Gebieten darauf warten, entdeckt zu werden.

Und schließlich sage ich diesen wunderbaren Kindern und ihren Eltern gern, *dass jeder Mensch* Wahrnehmungsprobleme hat. Niemand ist in seiner sinnlichen Wahrnehmung vollkommen. Sie kennen das Ergebnis, wenn zehn Leute ihre Version eines Unfalls erzählen. Oder Sie erinnern sich vielleicht, wie Sie als Kind „Stille Post" gespielt haben, wobei jeder seinem Nachbarn die Botschaft ins Ohr flüsterte, die er selbst empfangen hatte, bis schließlich der Letzte in der Reihe laut sagte, was er gehört hatte.

Wenn man sie nur früh genug erkennt, können die Probleme der meisten Kinder mit Wahrnehmungsstörungen auf ein Minimum reduziert werden. Jonas und Rick hatten Glück, weil ihre Eltern das Problem rechtzeitig erkannt hatten. Das Problem „rechtzeitig" erfassen, heißt, es erkannt zu haben, bevor das Kind in die Pubertät kommt.

Wird das Problem unerkannt mit in die Pubertät hinübergenommen, kommen zu den Lernschwierigkeiten meist noch andere Probleme hinzu. Solche Kinder verstricken sich oft in Drogen und Sex, sie stehlen, laufen von zu Hause weg oder versuchen gar, Selbstmord zu verüben.

Ich habe Ihnen die Geschichten von Jonas, Michel und Rick erzählt, damit Sie das Dilemma von Kindern mit Wahrnehmungsproblemen besser verstehen können. Kindern zu helfen, diese besonderen Lernstörungen zu überwinden, braucht viel Zeit, Geduld und Verständnis – ist aber die Mühe wert!

Wahrnehmungsschwierigkeiten sind nicht die einzigen spezifischen Störungen, die das Verhalten von Kindern beeinträchtigen. Chronische körperliche Leiden können ebenfalls zu emotionalen Störungen und Verhaltensauffälligkeiten führen. Es kann passieren, dass wir täglich so mit den medizinisch-körperlichen Bedürfnissen chronisch kranker Kinder beschäftigt sind, dass wir ihre emotionalen Bedürfnisse leicht übersehen. Je älter physisch kranke Kinder werden, umso verbitterter werden sie über ihre Krankheit oder Behinderung. Außerdem sind sie wütend auf ihre fürsorglichen Eltern, denn sie haben, ohne es zu wollen, natürliche Liebe und Zuwendung durch die tägliche medizinische Fürsorge ersetzt.

Diese Kinder können sehr zornig werden, nicht nur gegenüber ihren Eltern, sondern gegenüber Autoritäten im Allgemeinen.

Lindas Mutter beschrieb sie von Anfang an als „ein überempfindliches, reizbares Kind. Wir taten alles Erdenkliche, um sie glücklich zu machen, doch es schien uns einfach nicht zu gelingen. Als sie drei Jahre alt war, entdeckte der Kinderarzt einen chronischen Herzschaden. Seitdem fahren wir nur noch von einem Spezialisten zum anderen."

„Wie geht es ihr jetzt gesundheitlich?", fragte ich.

„Ihr Zustand hat sich stabilisiert", erklärte der Vater, „diese Schwangerschaft wird jedoch in keiner Weise förderlich sein."

„Ich sehe, Sie haben noch ein Kind, einen Sohn",

bemerkte ich, während ich ihre Akte durchblätterte. „Wie steht es mit seiner Gesundheit?“

„Oh, er ist vollkommen gesund“, antwortete Lindas Mutter. „Wir sind so stolz auf Jeff. Er ist ein guter Sportler und spielt hervorragend Klavier.“

„Hat Linda irgendwelche Hobbys?“

„Nein“, entgegnete der Vater. „Wir hatten so viel mit ihren gesundheitlichen Problemen zu tun, dass kaum Zeit blieb, etwas anderes mit ihr zu unternehmen. Verstehen Sie mich nicht falsch. Es ist nicht so, dass wir es nicht gewollt hätten. Sie war jedoch immer so übel gelaunt, dass wir sie zu nichts anderem überreden konnten, als in die Schule zu gehen. Und nun ist sie schwanger geworden. Ich glaube, jetzt ist es zu spät.“

„Zumindest wird sie den Vater des Kindes nächste Woche heiraten“, fügte seine Frau hinzu. „Vielleicht wird sie dadurch glücklich. Wir haben alles getan, was wir konnten, Herr Dr. Campbell, doch an irgendeinem Punkt müssen wir uns geirrt haben. Sie war in letzter Zeit äußerst depressiv, und ich bin erleichtert, dass wir sie überreden konnten, in Ihre Sprechstunde zu kommen. Ich hoffe sehr, dass Sie zu ihr vordringen können. Sie ist nicht gerade in der besten Verfassung, eine Ehe zu beginnen.“

„Warten Sie doch beide draußen, und lassen Sie mich mit Linda sprechen“, schlug ich vor.

In einer Ecke des Wartezimmers saß Linda zusammengekauert in einem Sessel – siebzehn Jahre alt und schwanger.

„Möchtest du hereinkommen, Linda?“, fragte ich, während ich zu ihr ging.

„Warum nicht? Deshalb haben sie mich ja hierher gebracht." Als sie in meinem Sprechzimmer Platz nahm, sagte sie stirnrunzelnd: „Ich weiß nicht, wozu es gut sein soll, dass ich hierher gekommen bin. Sie können nichts mehr ändern an dem, was geschehen ist."

„Du hast Recht, Linda, ich kann nicht ändern, was geschehen ist. Vielleicht könnte ich dir aber im Laufe der Zeit helfen, deine Einstellung dazu zu ändern."

Als Linda sich zu öffnen begann, bestätigten sich meine Vermutungen. Sie war ein klassisches Beispiel eines chronisch kranken Kindes, dessen Eltern so viel Zeit investiert hatten, um für ihre physischen Probleme zu sorgen, dass sie darüber ihre emotionalen Bedürfnisse vergessen hatten. „‚Jeff kann das – Jeff kann jenes!' Das ist alles, was ich ständig zu hören bekam. Jeffs Mannschaft spielt heute. Komm, Linda, es wird dir gut tun, aus dem Haus zu kommen. Komm, Linda, wir gehen zu Jeffs Konzert. Vielleicht bekommst du auch Lust, Klavierunterricht zu nehmen.' Und dann sollten Sie Jeffs Zensuren sehen. Er hatte überall Einsen. Ich brachte befriedigende Noten nach Hause, und das genügte mir völlig."

Ich habe gerade erst mit Lindas Behandlung begonnen, doch ich glaube, dass ihr geholfen werden kann, ihre Depression zu überwinden. Ich weiß, dass ihre Eltern sie lieben und nicht gemerkt haben, wie sie emotionale Zuwendung durch medizinische Fürsorge ersetzten. Sowohl Lindas Zensuren als auch ihre Schwangerschaft stellten einen unterbewussten Akt der Auflehnung gegen diese scheinbare Gleichgültigkeit dar.

Drei Gefahren

Während der vielen Jahre, in denen ich Kinder mit chronischen Krankheiten und Wahrnehmungsstörungen behandelt habe, fand ich heraus, dass im Allgemeinen drei Gefahren auf die Eltern lauern.

Die erste Gefahr, die wir bereits anhand von Lindas Fall dargestellt haben, besteht darin, dass medizinische Fürsorge an die Stelle emotionaler Zuwendung tritt.

Die zweite Gefahr ist, dass Eltern nicht konsequent genug angemessene Verhaltensnormen durchsetzen. Diese Eltern empfinden oft so viel Mitleid und manchmal auch Schuld, dass sie nicht versuchen, angemessene Verhaltensnormen durchzusetzen. Das kann dazu führen, dass das Kind seine Krankheit missbraucht, um seine Eltern zu manipulieren.

Die dritte Gefahr besteht darin, dass Eltern diesen Kindern nicht zeigen, wie man mit Zorn umgeht. Weil sie zu rebellischem Verhalten neigen, sind Kinder mit besonderen Schwierigkeiten im Allgemeinen schwerer zu leiten. Ihre Eltern sind dann gefangen zwischen Mitleid und Schuld auf der einen, und ihrem eigenen Zorn auf der anderen Seite.

Alles, was wir in diesem Buch besprochen haben, gilt natürlich auch für diese Kinder. Ihren Eltern bleibt jedoch nicht viel Spielraum, Fehler zu machen. Da man so leicht in den Teufelskreis von Zorn und Schuld geraten kann, ist es unheimlich wichtig, dass gerade diese Eltern die möglichen Gefahren so früh wie möglich erkennen. Je länger eine schwierige Situation andauert, umso komplizierter ist eine Korrektur, besonders wenn rebellisches Verhalten dabei eine Rolle spielt.

Und doch haben wir gesehen, dass Kindern mit spezifischen Störungen erfolgreich geholfen werden kann, wenn das Problem erkannt und rechtzeitig Hilfe in Anspruch genommen wird. Wenn Sie ein Kind mit spezifischen Problemen in Ihrer Familie haben, dann suchen Sie die richtige fachliche Hilfe und Unterstützung. Und sorgen Sie dafür, dass der emotionale Tank Ihres Kindes randvoll ist, indem Sie es bedingungslos lieben.

Ich habe unzählige Kinder mit besonderen Schwierigkeiten kennen gelernt, die wunderbare Fortschritte gemacht haben. Für die meisten dieser kleinen, kostbaren Menschenkinder sind ihre Schwierigkeiten zu Herausforderungen geworden, die ihren Charakter auf einzigartige und wunderbare Weise geprägt haben.

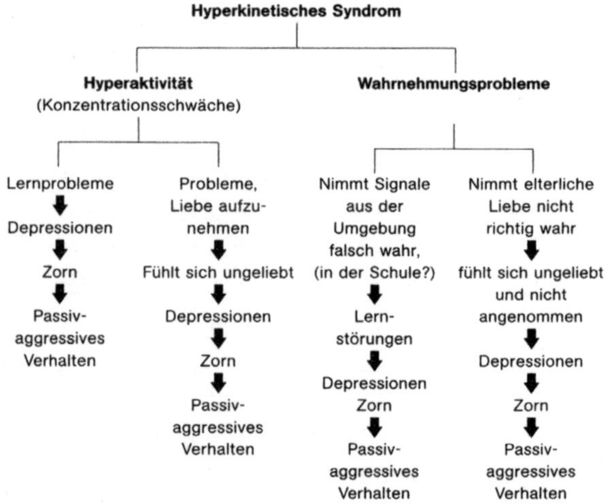

Ein abschließendes Wort an die Eltern

Sie bereiten Ihre Kinder auf ein Leben in einer schwierigen Welt vor. Jetzt haben Sie jedoch einige wichtige Informationen an der Hand, die Ihnen dabei helfen sollen, wie Ihre Kinder den richtigen Umgang mit Zorn lernen. Dadurch geben Sie ihnen ein entscheidendes Rüstzeug mit auf den Weg in die Zukunft. Es ist etwa so, als würden Sie ihnen einen Kompass in die Hand drücken, der ihnen helfen kann, gefährliche Abgründe zu umgehen, auf der positiven Seite des Lebens zu bleiben und erfüllt zu leben.

Ich möchte Ihnen zum Schluss noch ein Wort der Ermutigung sagen, das Ihnen helfen wird, Ihre Aufgabe als Eltern aus der richtigen Perspektive zu betrachten.

Manche Eltern sind *überängstlich* und sorgen sich beinahe zu Tode. Sie neigen zu der Meinung, dass es so etwas wie „perfekte Eltern" gibt. Sie haben Angst, dass ihre Kinder völlig missraten könnten, wenn sie auch nur einen einzigen Fehler machen. Diese Angst lähmt sie und macht die Erziehung für sie schwerer und weniger erfolgreich.

Andere Eltern neigen eher dazu, ihre Kinder herumzukommandieren. Sie erteilen einen Befehl nach dem anderen und behandeln sie wie kleine Soldaten. Diese Art von Erziehung scheint einigen Kindern gut zu bekommen, aber mit der Zeit stauen diese Kinder Wut und Zorn an und entwickeln sich zu kleinen Rebellen.

Einige von uns schwanken zwischen diesen beiden Erziehungsstilen hin und her. Am wichtigsten ist es jedoch – egal zu welchem Elterntyp wir neigen –, dass wir den Punkt finden, wo wir entspannt und gelassen sein und uns an unseren Kindern freuen können. Das gelingt von Natur aus nur wenigen Eltern. Eine der wunderbarsten Erfahrungen für mich als Vater war, als ich gelernt habe, wirklich zu entspannen und mich echt an meinen Kindern zu freuen - und zwar in jedem Alter.

Obgleich Elternschaft und Erziehung eine schwierige, verantwortungsvolle und oft sehr komplizierte Aufgabe ist, können wir sie als Mittel verstehen, den Bedürfnissen unserer Kinder gerecht zu werden. Alle pflichtbewussten Eltern können ungeachtet ihres Persönlichkeitstyps lernen, wie man diese Aufgabe erfüllt. Die Hauptvoraussetzung dafür ist der feste Wunsch und Wille.

Beim Lesen dieses Buches haben Sie wesentliche Dinge gelernt. So einfach es auch klingen mag, viele Eltern haben große Angst davor, ihrem Erziehungsauftrag nicht gerecht werden zu können, weil sie nicht wissen, was eigentlich notwendig ist, um gute Eltern zu sein. Durch diese ständige Unsicherheit erscheint die Erziehungsverantwortung jedoch immer erdrückender. Vielleicht wird das anhand der folgenden kleinen Geschichte am besten deutlich.

Katrin Achenbach, eine fünfundvierzigjährige Mutter, bat mich um Rat wegen ihrer alten Mutter. Katrin ist ein gewissenhafter, gutherziger Mensch. Bis vor zwei Jahren, als ihre Mutter immer schwieriger zu werden schien, hatte sie eine enge Beziehung zu ihrer Mutter. Die Mutter hatte stets etwas an Katrin auszusetzen und stellte immer mehr Forderungen. So beschwerte sie sich, dass Katrin sie zu selten anrief. Katrin investierte schließlich so viel Zeit in die Beziehung zu ihrer Mutter, dass sie dabei die eigene Familie vernachlässigte. Sie hatte auf alle erdenkliche Art und Weise versucht, den unangemessenen Forderungen der Mutter zu begegnen. Auch eine Aussprache mit der Mutter blieb wirkungslos.

Ich sagte Katrin: „Sie sind eine gute Tochter."

Sie entgegnete: „Wie sollte ich, wenn meine Mutter ständig von mir enttäuscht ist!"

Dann stellte ich ihr die Frage: „Haben Sie sich schon einmal gefragt, welche Erwartungen Sie in Ihrer Situation erfüllen sollen, um eine gute Tochter zu sein?"

Katrin antwortete: „Nein, darüber habe ich nie nachgedacht."

Ich bat sie, eine Liste mit den Punkten aufzustellen, die ihrer Meinung nach eine gute Tochter ausmachten. Sie ging davon aus, dass dies eine lange Liste werden würde.

Bei unserem nächsten Gespräch teilte mir Katrin mit, dass sie zu ihrem eigenen Erstaunen nur sechs Punkte auf ihrer Liste hatte – z. B. ihre Mutter einmal pro Woche zu besuchen und sie jede Woche zweimal anzurufen, zum Geburtstag und zu Weihnachten Geschenke zu machen usw. Als Katrin erkannte, dass sie nicht nur den Anforderungen gerecht wurde, sondern in vielen Dingen noch mehr leistete, fühlte sie sich selbst wesentlich besser und war nicht mehr so entmutigt und niedergeschlagen wie zuvor.

Die nächste Herausforderung für Katrin bestand darin, ihrer Mutter – unabhängig von deren Laune oder Verhalten – gelassen, freundlich, fröhlich und bestimmt zu begegnen. Katrin schaffte es, weil sie wusste, dass sie eine gute Tochter war.

Danach bat ich Katrin, noch eine andere Liste zu erstellen, doch diesmal bezüglich ihrer Aufgabe als Mutter. Natürlich ist diese Rolle weitaus vielschichtiger als die einer erwachsenen Tochter, aber es gelten die gleichen Regeln. Katrin dachte darüber nach, welche grundlegenden Voraussetzungen für eine gute Elternschaft erfüllt sein müssen, und stellte dann ihre Liste zusammen. Sie ging die Liste etwa jede Woche einmal durch, um sie für jedes Kind auf den neuesten Stand zu bringen.

Das brachte ihr – wie schon bei der Mutter – das gleiche befreiende Gefühl ihren Kindern gegenüber. Jetzt, da sie wusste, dass sie eine gute Mutter war, konnte sie ihren Kindern gelassen, freundlich und fröhlich, aber dennoch bestimmt begegnen. Und am schönsten war, dass Katrin jetzt mehr Freude an jedem einzelnen ihrer Kinder und ihren besonderen Gaben und Veranlagungen hatte.

Ich rate Ihnen dringend, Katrins Beispiel zu folgen. Vielleicht möchten Sie dieses Buch beim Erstellen Ihrer eigenen Liste als Richtlinie benutzen. Das wird Sie auch ermutigen, das Buch noch einmal durchzulesen, wenn Ihre Kinder größer werden, denn Sie sollten, wie Katrin, die Liste dem Alter Ihrer Kinder entsprechend immer wieder auf den neuesten Stand bringen.

Gott segne Sie!